Maria Kling

Freddy und Flo gruseln sich vor gar nix

Maria Kling

Freddy + Flo

Gruseln sich vor gar nix!

Mit Bildern von Astrid Henn

CARLSEN

FREDDY
ist schon viel zu groß, um noch an Gespenster zu glauben.
FLO
ist meistens genervt – vor allem von Papas neuer Freundin Ulrike.
ULRIKE + PAPA
sind verliebt.
POPPY
Poppys beste Freunde sind ein Dutzend Mäuse und ein Handfeger namens Wuschel.
DR. MORTIS
mag gern Blutorangen-Smoothie. Nur nicht in den Haaren.
WALTER WIESEL
ist Hausverwalter und allergisch gegen niedrige Mieten.
W. WÜTKES WAGENSCHILDER
13
4,99€
5,99
3,99€
STOP
STOP
STOP
OFFEN

FRAU LOHMEYER
kann lauter heulen als die Feuerwehr.
KOMMUNE HEINZ
hält zusammen. Besonders beim Saubermachen.
RUDI
macht nicht viele Worte. Genau genommen nur eins.
BETTINA BLÜTENREICH
ist außergewöhnlich schön – von innen und von außen.
WOLFGANG WÜTKE
geht schnell in die Luft, besonders wenn die Post kommt.
I WAS HERE

INHALT

KURT

PROLOG

Der Wind fuhr durch die vom Winter gebeutelten knorrigen Äste. Die Grabsteine auf dem alten Kreuzberger Friedhof leuchteten im blassen Mondlicht. Sie standen kreuz und quer wie ein paar übrig gebliebene Stummel in einem sonst zahnlosen Mund.

Ein kleines Mädchen trat aus einem großen, in die Jahre gekommenen Mehrfamilienhaus, das direkt an den Friedhof grenzte. Es huschte zwischen den Gäbern hindurch und gesellte sich zu drei dunklen Gestalten, die an einem erstaunlich langen Grab standen.

„Ick werd ihn vermissen“, grummelte ein breitschultriger Mann.

„Das werden wir alle“, meinte der Hochgewachsene.

Er trug einen langen schwarzen Mantel, der unheimlich im Wind flatterte.
„Machs gut, Kurt“, sagte das kleine Mädchen.
Eine große, schlanke Frau in weißem Seidenkleid stimmte einen wunderschönen Trauergesang an. Die anderen fielen mit ein. Ihre hohen und tiefen Stimmen mischten sich zu einem Furcht einflößenden Geheule.
Nacheinander legten alle ein kleines Andenken auf den Grabstein: einen Strauß frischer Maiglöckchen, eine Blutorange, einen Schraubenschlüssel und eine getrocknete Eidechse.
Plötzlich durchbrach eine knochige graue Hand das lockere Erdreich im Nachbargrab. Die Trauergesellschaft fuhr zusammen. Es folgte ein verwitterter Kopf.
„Mensch, Rudi!“, schimpfte der kräftige Mann. „Ick hab mir total erschreckt.“
„Die Stimmung ist nun völlig hinüber“, klagte eine fast durchsichtige Gestalt, die gerade über den Friedhof geschwebt kam. „So habe ich mir Kurts Beerdigung nicht vorgestellt. Es ist doch ein Jammer!“

„Ja, ein Jammer!“, piepsten ein paar Stimmchen hinter dem Grabstein.
„Was soll nun aus uns werden?“, fragte das kleine Mädchen.
Ratlos schauten sich alle an.

KAPITEL 1

FREDDY ZIEHT EIN

Bei strahlendem Sonnenschein bog ein weißer Kombi in die Jüterboger Straße ein. Hinten im Auto saß Freddy Feyerabend. Ein neugieriger Junge mit rotblonden Locken, Sommersprossen und aufgeweckten blauen Augen. Freddy trommelte mit den Füßen gegen den Vordersitz. Gleich würden sie bei der neuen Wohnung ankommen.
„Hör doch mal auf damit!“, rief Flo.
„Womit?“, fragte Freddy.
„Mit all dem!“, sagte sie und zeigte von oben bis unten auf ihn.
Freddys große Schwester hieß eigentlich Florentine,

aber nur, wenn Papa sauer auf sie war. Sie war schon zwölf und sah überhaupt nicht aufgeregt aus. Eher genervt.

„Ich will nicht umziehen", maulte sie, wie schon so oft in den letzten Wochen. „Ich hasse die neue Wohnung. Die ist voll kacke!"

„Das Kind hat echt 'ne schlimme Ausdrucksweise", sagte Papa zu seiner neuen Freundin Ulrike. „Ich weiß wirklich nicht, von wem zum Teufel sie das hat."

„Du kennst die Wohnung doch noch gar nicht", meinte Freddy. Er freute sich schon auf all die Abenteuer, die dort auf ihn warteten.

Freddy hatte zwar gern mit Mama und Papa in der Kreuzbergstraße gewohnt, aber die ständigen Streitereien waren schlimm gewesen. Irgendwann hatte Mama dann Klaus kennengelernt und Papa Ulrike. Und alle waren fröhlicher gewesen. Na ja, fast alle.

„Ich brauche die nicht zu kennen, um sie zu hassen", zischte Flo. Ihr war nicht nur der Umzug zuwider, sie mochte auch Ulrike nicht.

Freddy hingegen schon. Er würde sich allerdings

lieber auf die Zunge beißen, als das Flo gegenüber zuzugeben. Ulrike war so erfrischend wie kaltes Quellwasser an einem heißen Sommertag. Jedenfalls, wenn man Papa fragte.
Endlich hielt das Auto vor der Nummer 13.
„Da wären wir", sagte Papa.
Freddy schaute sich um. In dieser komischen Straße schien es nur eine Art von Geschäft zu geben. Auf den riesigen Werbeplakaten stand in großen Buchstaben: „Autoschilder! In zwei Minuten" – „In einer Minute" – „Sofort" – „Preiswert" – „Quasi kostenlos" – „Umsonst!"
Papas Bandkollegen waren schon da und stiefelten mit schweren Kisten beladen in das große Mehrfamilienhaus.
„Kann ich mal gucken gehen?", rief Freddy. „Darf ich mein Zimmer selbst aussuchen? Flo, kommst du mit?"
Doch seine Schwester schien überhaupt nicht daran zu denken auszusteigen. Sie hatte die Arme vor der Brust verschränkt und starrte auf die ausgefranste Bauchtasche ihres Kapuzenpullis. Ihre langen braunen

Haare verdeckten zur Hälfte ihr blasses Gesicht. Anscheinend wollte sie einfach im Auto sitzen bleiben und warten, bis Papa erkannte, dass es eine dumme Idee gewesen war umzuziehen.
„In welchem Stock wohnen wir?“, fragte Freddy.
„Im dritten“, sagte Papa.
Das war Freddys Startschuss. Er schnallte sich ab und rannte los.

Das Haus sah aus, als würde es den Kampf gegen ein grünes Blättermonster verlieren. Nur unten im Erdgeschoss schaute zwischen den vielen Ranken das in dieser Straße anscheinend unvermeidliche Autoschildergeschäft hervor.
Freddy staunte über die vielen verschiedenen Balkone. Einer war riesengroß, andere winzig klein. Auf einem stand ein Bienenstock, auf einem anderen hingen Kräuter an einer Wäscheleine.
Hier gab es ganz sicher Geheimnisse zu entdecken. Vielleicht lebte im Keller eine noch nicht entdeckte

Asselart oder im Hof lagen Dinosaurierknochen vergraben. Oder ihr neuer Nachbar war ein Piratenkapitän, der sein Gedächtnis verloren hatte. Freddy und Flo konnten ihm helfen es wiederzufinden und er würde sie auf die einsame Insel mitnehmen, wo er seinen Schatz versteckt hatte. Sie hätten dann Dutzende Koffer voller Goldstücke und könnten sich so viel Spielzeug und Süßigkeiten kaufen, wie sie wollten.

Mit klopfendem Herzen stürzte Freddy in den dunklen Hausflur und stieß fast mit einem großen, kräftigen Mann zusammen. Es war nicht zu erkennen, wo dessen dunkelbrauner Bart aufhörte und sein struppiges Kopfhaar begann.

Ohne Freddy zu beachten, knallte er eine mit Kratzern übersäte Holztür zu. Er schlurfte über den Flur zum Autoschildergeschäft. Wortlos verschwand er darin.

Freddy war wie versteinert stehen geblieben. So einen wundersamen Typen hatte er noch nie gesehen! Der hatte ein richtiges Fell gehabt. Er zuckte mit den Schultern und stapfte die Treppe hoch.

KAPITEL 2

FLO HAT SCHLECHTE LAUNE

Flo schaute aus dem Autofenster. Da war die blöde Straße, in der das blöde Haus stand, in dem die blöde Wohnung war.

Papa drehte sich lächelnd zu ihr um. „Na, meine Große, wie wärs, wenn wir uns die neue Wohnung erst mal angucken, bevor wir wieder zurückfahren?"

„Meinetwegen." Flo seufzte tief. In Zeitlupe entknotete sie ihre verschränkten Arme und schnallte sich ab.

Sie warf einen wütenden Blick auf Ulrike. Das ganze Umzugstheater fand nur wegen der da statt. Flo war völlig unklar, was Papa an Ulrike so toll fand. Ihrer

Meinung nach war die fast so bescheuert wie Mamas neuer Freund Klaus.
Plötzlich klopfte jemand direkt neben ihrem Ohr an die Seitenscheibe.
Flo erschrak und fuhr derart in die Höhe, dass sie mit dem Kopf an die Autodecke knallte. „Alter!“, schimpfte sie und rieb sich die schmerzende Stelle.
Neben dem Auto war ein merkwürdiger Kauz mit grauen Haaren aufgetaucht. Er hatte ein kleines Gesicht mit schwarzen Knopfaugen und einer spitzen Nase.
„Schönen guten Tag, Herr Wiesel“, sagte Papa, während er aus dem Auto stieg. „Nett, dass Sie extra gekommen sind.“
Ulrike kletterte ebenfalls aus dem Kombi. Sie band ihre widerspenstigen kastanienbraunen Locken zu einem Knoten zusammen. Dann gab sie dem Mann die Hand.
Flo stellte sich neben ihren Vater und blickte stirnrunzelnd von einem zum anderen.
„Das ist Herr Wiesel, unser Hausverwalter“, erklärte Papa.

Herr Wiesel zuckte mit seiner Nase.
Flo fand, dass der Mann tatsächlich Ähnlichkeit mit dem pelzigen Raubtier hatte.
„Ich wollte nur sichergehen, dass alles klappt", sagte der Hausverwalter.
„Das ist aber nett", antwortete Papa. „Wie Sie sehen, läuft alles wie am Schnürchen."
„Gut, gut." Herr Wiesel rieb sich seine kleinen runzligen Hände. „Ich hoffe, es wird Ihnen hier gefallen. Und es ist überhaupt kein Problem, wenn Sie in der Wohnung Schlagzeug spielen. Laden Sie auch ruhig den Rest der Band zum Proben ein. Wenn etwas ist, melden Sie sich. Ich helfe, wo ich kann."
Was für ein schmieriger Typ! Flo überkam ein ungutes Gefühl und das lag nicht nur daran, dass sie nicht umziehen wollte.
„Ja, vielleicht könnten wir noch mal über die Befristung des Mietvertrages sprechen", meinte Ulrike. „Sie hatten doch gesagt, das stünde nur im Entwurf."
„Ja, ja", erwiderte Herr Wiesel. „Unterschreiben Sie den erst mal. Wir ändern das dann später noch."

„Super!“, freute sich Papa. „Vielen Dank.“
„Oder wir ändern das gleich“, schlug Ulrike vor.
„Sicher, sicher“, murmelte Herr Wiesel.
Flo blickte dem Hausverwalter hinterher, der zurück zu seinem grauen Auto huschte. Ihr war es nur recht, wenn sie bald wieder ausziehen mussten. Am besten ohne Ulrike.

KAPITEL 3

FREDDY WÜNSCHT SICH ZOMBIES

Freddy stürmte an Papas kistentragenden Bandkollegen vorbei. Er rannte durch die Wohnung und erkundete jedes Zimmer. Am Ende des Flurs lag ein großer, heller Raum. Freddy war sofort klar, dass er dort einziehen würde.

Nur der Geruch musste hier raus. Die Luft war zäh wie Ofenkäse.

Freddy riss das riesige zweiflüglige Fenster auf und sog die kühle Frühlingsluft ein.

Was für eine Aussicht! So viel Grün.

Er staunte, wie weitläufig der Hof war. Durch einen kleinen Kräutergarten schlängelte sich ein schmaler Pfad aus Feldsteinen. Dahinter erhob sich ein grasbewachsener Hügel mit Maiglöckchen und Vergissmeinnicht. Es gab eine mit Efeu überwucherte Laube, eine verschnörkelte Vogeltränke und eine kleine verwitterte Steinpyramide. Hinter der Hofmauer ging das Grün noch weiter. Freddy sah Gras, Büsche, Bäume und Grabsteine.
Grabsteine?
Was? Wohnten sie etwa an einem Friedhof?
Das war ja unglaublich cool! Das musste er sofort Flo erzählen. Wo war die eigentlich?
Freddy spürte, wie eine dunkle Wolke schlechter Laune ins

Zimmer geweht kam, und drehte sich zu seiner Schwester um. „Guck doch mal!“ Er zog Flo zum Fenster. „So ein schöner Garten, und dahinter liegt ein Friedhof! Ist das nicht supergruselig? Wäre es nicht cool, wenn es hier Zombies und Gespenster gäbe? Dann könnten wir sehen, wie die nachts aus ihren Gräbern steigen. Glaubst du, Papa und Ulrike erlauben, dass wir bis Mitternacht aufbleiben – nur für alle Fälle?“

„Meine Güte, Freddy. Chill mal!“, sagte Flo. „Das ist nur ein megalangweiliger Friedhof. Da wird überhaupt nix passieren. Ist mir total egal, wie lange du aufbleibst, solange du mich nicht nervst, klar?“

In diesem Moment tauchte Papa in der Tür auf. „Na, ihr beiden, wie findet ihr die neue Wohnung?“

„Super!“, rief Freddy.

„Ätzend!“, rief Flo.

„Nun, ich schlage vor, jeder packt jetzt mal seine Sachen aus. Dann wird es gleich viel gemütlicher“, sagte Papa. „Schaut mal, wie hoch die Decken hier sind! So was habe ich noch nie gesehen. Als hätte hier vorher ein Riese gewohnt. Da haben wir richtig viel

Platz für dein Hochbett, Flo. Und auf der breiten Fensterbank kannst du nachmittags immer mit Blick auf den Garten sitzen und lesen."

„Ich kann eh nicht gleichzeitig rausgucken und lesen", maulte Flo. „Von mir aus könnte im Hof auch 'ne verdammte Müllhalde sein. Unsere alte Wohnung war viel schöner. Und wie soll ich denn jetzt Kathi besuchen?"

„Zu Kathi kannst du doch mit der U-Bahn fahren", versuchte Papa zu beschwichtigen. „Das ist nur eine Station. Oder du nimmst das Fahrrad. Jetzt gib der Sache mal 'ne Chance, okay?!"

„Ich will aber nicht mit *dem* zusammenwohnen!", sagte Flo und zeigte auf Freddy. „Ich will mein eigenes Zimmer."

„Aber Ulrike braucht doch ihr Büro, um zu …" Weiter kam Papa nicht.

„Ulrike, Ulrike! Alles wegen der!", schrie Flo. „Kann die nicht in der Kanzlei arbeiten? Und vielleicht sogar da wohnen? Die kann doch unter ihrem Schreibtisch schlafen." Ihre Augen füllten sich mit Tränen. „Ich wünschte, es wäre wieder so wie früher!"

Sollte er Flo trösten oder fände sie das uncool? Freddy beschloss, es zu riskieren, und legte ihr sacht den Arm um die Schulter.
Papa kuschelte sich dazu. „Ich weiß, das ist jetzt alles ein bisschen viel für euch. Aber ich verspreche, dass es auch wieder besser wird.“ Während er das sagte, versuchte er Freddy und Flo gleichzeitig hochzuheben. Ungelenk stolperte er mit ihnen durchs Zimmer. „Wir machen erst mal einen Schritt nach dem anderen. In den Osterferien werde ich hier zwischen den Fenstern eine Wand ziehen.“
„Nur eine Wand?“, fragte Flo. „Und ich soll dann zum Fenster reinfliegen, oder wie?“
Zusammen fielen sie auf Flos plüschigen Sitzsack. Freddy musste lachen und sogar Flo konnte sich ein Lächeln nicht verbeißen.
„Nein, wir bauen natürlich eine Tür in die Wand.“
„Wenn *du* das baust“, sagte Flo, „wird das doch krumm und schief.“
„Na, hör mal!“ Papa grinste.
„Eine krumme Wand wäre doch toll!“, meinte Freddy. „Dann sähe es hier aus wie in einem Hexenhaus.“

„Auf jeden Fall hätte dann jeder von euch ein eigenes Zimmer. Die Wand können wir auch streichen, wie ihr wollt. Worauf hättet ihr denn Lust?“, wollte Papa wissen.
„Ich will einen Hexenwald!“, rief Freddy. „Oder eine Wüste mit Pyramiden und Mumien. Am besten wäre, wenn sich die Mumien auch noch bewegen könnten. Kriegst du das hin? Vielleicht wie bei diesen Wackelbildern.“
„Ich will eine schwarze Wand“, sagte Flo.
„Wie wäre es mit irgendwas dazwischen?“, fragte Papa. „Na, wir können ja noch eine Nacht darüber schlafen. Ich packe jetzt erst mal weiter aus.“ Er erhob sich ächzend aus dem Sitzsack, strubbelte Freddy über den Kopf und drückte Flo einen Kuss auf die Stirn. Sie verzog angewidert das Gesicht.
Freddy sprang auf und lief zum offenen Fenster. Sehnsüchtig schaute er zum Friedhof hinüber.
Und wenn es hier nun doch spukte? Wie cool wäre das denn?

KAPITEL 4

POPPY VERFLIEGT SICH

Ein großer, runder Vollmond stand am schwarzen Nachthimmel, als sich Populonia Papadopoulos auf den Heimflug machte. Sie kam vom Kreuzberg, auf dessen Spitze sie versucht hatte, die Schwimmhäute zwischen ihren Fingern wegzuhexen. Die waren zurückgeblieben, als sie sich letzten Freitag in einen Teichmolch verwandelt hatte, um der Fliegenplage in ihrer Wohnung Herr zu werden. Leider war sie nicht allmächtig. Es gab beim Hexen jede Menge nervige Probleme. Manche Zauber wirkten nur um Mitternacht oder mithilfe von sieben mal sieben Marienkäferflügeln.

Obwohl sie heute alle Regeln zum Weghexen von Tierkörperteilen eingehalten hatte, waren die Schwimmhäute noch da. Verärgert rubbelte sie zwischen ihren Fingern herum.
Der Wind frischte auf. Die bunten Röcke flatterten wild um ihre Beine. Poppy steuerte über den Friedhof. In der Ferne blinkte das warme Licht ihrer Küchenlampe. Sie schlang den gestreiften Schal ein weiteres Mal um den Hals und versuchte mit der anderen Hand den blauen Filzmantel zuzuknöpfen. Plötzlich drohte ihr der kleine gelbe Hexenhut vom Kopf zu wehen. Sie rettete ihn gerade noch rechtzeitig.
Freihändig schlenkerte sie ein Stück in der Luft und fiel fast von ihrem Handfeger. Da entdeckte sie, dass das Fenster zu ihrer Küche offen stand. Sie riss den Stiel herum und krachte ins Zimmer, wobei sie etwas Großes, Weiches mit sich riss.
Verwirrt rappelte sie sich auf. Vor ihr standen zwei eigenartige Gestalten in flauschigen Schlafanzügen und starrten sie mit offenen Mündern an.
„Na so was“, wunderte sich Poppy. „Was macht ihr

denn hier? Und was habt ihr mit meiner Küche gemacht?"
Statt der mit Einmachgläsern und Fässchen vollgestopften Regale und des großen gusseisernen Herds sah sie ein Stockbett, einen Schrank, zwei Schreibtische und jede Menge Umzugskisten.
„Das ist nicht deine Küche", rief das Mädchen. „Das ist unser Zimmer!"
„Was machst du denn hier?", fragte der Junge. „Und wie bist du reingekommen?"
Das Hexenmädchen runzelte die Stirn. „Hm … ich dachte, ich würde das richtige Stockwerk anfliegen. Ist das nicht der zweite Stock?"
„Nein, das ist der dritte", meinte die größere der beiden Gestalten.
„Was meinst du mit ‚anfliegen'?", wollte die kleinere wissen und schielte auf ihren Handfeger. „Und wer bist du überhaupt?"

„Mein Name ist Populonia Papadopoulos, aber alle nennen mich Poppy, und wer seid ihr?"
„Ich bin Freddy und das ist meine große Schwester Flo. Wir sind heute hier eingezogen, weil Ulrike auch ein Zimmer für ihr Büro braucht. Sie ist eine Staatsanwältin."
„Hä?", machte Poppy.
„Also, wenn jemand von der Polizei verhaftet wird", begann Freddy, „dann kommt er vor Gericht. Da gibt es zwei Anwälte: den Verteidiger und den Staatsanwalt. Der Verteidiger hilft dem Angeklagten seine Sicht der Dinge zu erzählen. Der Staatsanwalt vertritt den Staat. Er erklärt dem Gericht, warum er denkt, der Angeklagte sei schuldig. So hat jede Seite einen Anwalt. Der Richter muss dann am Ende entscheiden, ob der Angeklagte wirklich schuldig ist und welche Strafe er kriegen soll."
„Aha", sagte Poppy und musterte den Zwerg.
„Na, jedenfalls hat Papa Ulrike bei einer Weihnachtsfeier kennengelernt, wo er mit seiner Band aufgetreten ist", fuhr Freddy fort. „Papa spielt Schlagzeug. Er übt auch viel zu Hause. In der alten

Wohnung hatten wir deswegen schon jede Menge Ärger mit den Nachbarn. Jetzt ist er jedenfalls in Ulrike verliebt und sie auch in ihn. Und weil Mama bei ihrem neuen Freund Klaus auf dem Hof in Brandenburg wohnt, dachten die beiden wohl, sie könnten auch zusammenziehen. Jetzt sehen wir Mama nur noch in den Ferien und an jedem …"

„Eigentlich wollte ich wissen, was ihr seid", unterbrach ihn Poppy. Ihre Gedanken schweiften immer ab, wenn jemand zu lange redete. „Du bist doch recht klein. Von der Größe her wahrscheinlich ein Zwerg." Das Hexenmädchen nahm die zwei genauer in Augenschein. „Aber du hast die Nase eines Gnoms und die Haare eines Kobolds. Das passt alles nicht zusammen. Außerdem redest du sehr viel. Bist du vielleicht ein Halbling?"

„Halbling!", lachte das Mädchen. „Das gefällt mir."

Poppy schaute es prüfend an. „Bist du sicher, dass sie deine Schwester ist? Sie sieht so blass aus. Ist sie vielleicht eine Untote?"

Jetzt lachte Freddy. „Wir sind Kinder. Ganz normale Kinder."

„Ihr seid ganz normale Kinder?“ Erschrocken schlug das Hexenmädchen die Hand vor den Mund und trat einen Schritt zurück.
„Was wird denn das Ganze hier?“, fragte die Untote. „Willst du uns ernsthaft glauben machen, dass du fliegen kannst?“
„Ja, genau“, meinte Freddy. „Du bist doch irgendwie hier hochgeklettert und durch unser Fenster gesprungen. Warum machst du das?“
Poppy seufzte. Was hatte sie denn nun wieder angestellt? Waren das hier wirklich Menschenkinder? Potz Blitz! Wenn das die anderen wüssten. Aus der Geschichte musste sie schleunigst wieder rauskommen.
Leider war heute kein guter Tag für einen Vergessenszauber. Der ließ sich ja nur mittwochs unter Wasser sprechen.
„Upsi …“, stammelte sie. „Da ihr ja ganz normale Kinder seid, wollte ich euch äh natürlich nur einen Streich spielen. Ich bin nur ein verwirrtes kleines Mädchen, das sich im Fenster geirrt hat.“
Hm … das klang doch irgendwie unglaubwürdig.

Poppy überlegte kurz. „Oder nein, ich bin eine Agentin und versuche hier im Haus einen Spion zu überführen. Ich wollte die Geheimunterlagen aus seinem Tresor stehlen."
„Du willst eine Agentin sein?" Freddy legte zweifelnd die Stirn in Falten. „Für wen spionierst du denn?"
„Das war Quatsch", korrigierte Poppy sich. „Ich war früher mit einem Wanderzirkus als Trapezkünstlerin unterwegs und ich schlafwandele manchmal nachts. Ich schwinge mich dann von Baum zu Baum und lande in anderer Leute Wohnungen. Ja, das ist am besten. Und jetzt muss ich mal los. Tschüss." Sie wandte sich in Richtung Fenster, bevor sie sich eines Besseren besann. „Ich gehe natürlich zur Tür raus wie ganz normale Menschen. Ist ja klar. Hihi. Könnte mal einer von euch gucken, ob die Luft rein ist? Ich will euren Eltern nicht begegnen."
„Nein, warte mal", sagte der Menschenjunge. „Ich verstehe immer noch nicht, was hier passiert ist."
Poppy öffnete die Tür selbst und spähte hinaus. Es war niemand zu sehen. „Na dann, Blitz und Donner!", rief sie schnell und winkte zum Abschied.

Das war ja gerade noch mal gut gegangen. Zum Glück hatte sie so ein großes Talent für glaubwürdige Ausreden.

KAPITEL 5

FREDDY WUNDERT SICH

Als Freddy am nächsten Morgen aufwachte, wusste er nicht, wo er war. Bis ihm wieder einfiel, dass sie gestern umgezogen waren. Auch die merkwürdige Begegnung mit dem kleinen Mädchen kam ihm wieder in den Sinn.
Er stand auf und ging zum Fenster. War hier tatsächlich gestern eine kleine Hexe auf ihrem Handfeger hereingeflogen?
Das konnte doch nicht sein! Hatte er das nur geträumt? Aber Flo hatte sie doch auch gesehen, oder? Wo war die überhaupt?
Bestimmt beim Frühstück.

Freddy wollte sich schnell anziehen und zu ihr in die Küche laufen. Er schaute in die Ecke hinter der Tür, wo Papa den Sack mit den Klamotten abgeladen hatte. Doch der Sack war weg.
Er blickte sich im Zimmer um. Auch die Kisten mit seinem Spielzeug waren nicht mehr da!
Freddy öffnete den Schrank. Seine Kleidung war sorgfältig zusammengelegt, seine Spielsachen ordentlich in die Regale geräumt. Sogar der Lego Millennium Falke war aufgebaut, obwohl er gestern noch in hundert Teile zerlegt gewesen war. Oben an Deck stand Chewbacca. Den hatte er wochenlang gesucht!
Freddy schlüpfte in seine Sachen und lief in die Küche.

Papa und Flo saßen am Tisch, Ulrike stand in der Vorratskammer.
„Die Konservendosen sind ja nach Farben angeordnet!“, rief Ulrike. „Guck mal, Frank. Warst du

das? Ist das 'ne Macke von dir? Und die Reisigbesen vom Workshop hängen jetzt der Größe nach sortiert an der Tür. Ich weiß genau, dass ich gestern einfach alles kreuz und quer in die Kammer gepackt hatte."
„Nein, Süße. Ich stehe nicht nachts auf und sortiere Dosen nach Farben und Besen nach Größe", antwortete Papa amüsiert. „Mir ist eh nicht ganz klar, warum man Besen in verschiedenen Größen braucht."
„Das war ein Teambuilding-Event", erklärte Ulrike. Freddy wusste, dass sich da Kollegen trafen und was Schönes zusammen machten. Sie gingen zum Beispiel mit Lamas spazieren oder mit Pinguinen schwimmen oder sie banden eben Besen. Alles nur, damit sie sich auf der Arbeit dann umso besser verstanden.
„Die meisten wollten ihre gar nicht behalten", sagte Ulrike und holte ein Glas Erdbeermarmelade aus der Kammer.
„Komisch", sagte Papa mit Blick auf die vielen krunkeligen Gebilde. „Aber schön, dass wir die jetzt alle haben."
Freddy setzte sich neben Flo. Er griff sich ein

Toastbrot und murmelte: „Flo, hab ich das geträumt oder ist gestern eine Hexe durch unser Fenster geflogen?"

„Was flüstert ihr denn da?", fragte Ulrike und nahm auf der Bank gegenüber Platz.

Flo seufzte. „Ich weiß zwar nicht, was dich das angeht, aber gestern Abend ist was Komisches passiert. Freddy hatte aus dem Fenster geguckt, weil er sehen wollte, ob Zombies aus den Gräbern aufsteigen oder so ein Quatsch. Da kam auf einmal ein kleines Mädchen durchs Fenster. Irgendwie ist sie hochgeklettert und dann reingesprungen oder so. Keine Ahnung. Auf jeden Fall glaubt Freddy jetzt, dass das 'ne Hexe war."

„Glaub ich gar nicht!", rief Freddy mit vollem Mund dazwischen. „Nur, dass sie vielleicht fliegen kann und zaubern." Ein paar Krümel seines Marmeladentoasts fielen zurück auf den Teller.

Papa und Ulrike schauten sich an und schmunzelten. „Wow! Das ist ja 'ne tolle Geschichte. Habt ihr die gemeinsam ausgeheckt?", fragte Ulrike.

„Nein, die haben wir nicht ‚ausgeheckt'", giftete Flo

sie an. „Die 50er haben übrigens angerufen und wollen ihr Wort zurück."
Papa stellte seine Kaffeetasse ab. „Pass mal ein bisschen auf deinen Ton auf, Florentine. Ich möchte, dass du freundlicher zu Ulrike bist."
„Aber, Papa, die redet doch voll nervig!", maulte Flo.
Freddy rutschte auf seinem Stuhl hin und her. Er mochte es nicht, wenn Papa und Flo stritten.
„Ich weiß, dass du gegen die neue Wohnung bist", sagte Papa streng. „Aber es bringt überhaupt nichts, alberne Geschichten über kleine Mädchen zu erfinden oder Konservendosen umzusortieren. Wir werden deswegen nicht wieder zurückziehen. Haben wir uns verstanden?"
„Ja, ist klar", nuschelte Flo und rührte in ihrem Müsli.
„Wenn ihr wollt, kann ich euch einen Tee aus Baldrian, Kamille und Lindenblüten machen", schlug Ulrike vor. „Das beruhigt die Nerven."
Flo rollte mit den Augen. „Mmh, klar. Mach mir doch bitte gleich noch einen Smoothie aus Spinat und Spargel."
Ulrike hatte oft so komische Ideen. Auf jedes

Wehwehchen wollte sie stinkendes Teebaumöl träufeln, beim kleinsten Huster kam sie mit Globuli-Kügelchen an und zum Frühstück sollte man eingeweichte Körner essen! Bäh.
Freddy musste Flo beistehen. „Das ist wirklich passiert, Papa. Ehrlich. Außerdem war es in meinem Zimmer heute Morgen auch ganz ordentlich. Genau wie in der Küche.“
Papa lächelte milde. „Ich glaube, ihr habt ein bisschen zu viel Fantasie.“
Freddy gab auf. Es hatte jetzt keinen Sinn, mit Ulrike und Papa darüber zu reden. Tatsächlich mussten sie sich beeilen, wenn sie noch pünktlich zur Schule kommen wollten.

Als Freddy in den Hausflur trat, fiel ihm die seltsame Tür ihrer Nachbarn auf. Da gab es unten in der großen Tür noch eine kleine Tür. Wie eine Art Katzenklappe. Es war sogar eine Klingel daneben angebracht. Wenn er die winzige Schrift richtig

entzifferte, wohnte dort „Kommune Heinz“. Vielleicht eine lustige Studenten-WG.
In der ersten Etage war eine Tür schwarz und eine weiß. An der weißen hing ein Knoblauchkranz. Freddy machte Flo darauf aufmerksam. Doch die zuckte nur mit den Schultern.

Da die Geschwister nun einen neuen Schulweg hatten, begleitete Papa sie. Tatsächlich trödelte er aber hinter den beiden her. Er spielte beim Laufen ein Spiel auf seinem Handy, wo man so schnell wie möglich bei allen Nachbarn den Rasen mähen muss oder irgend so einen Quatsch.
„Papa ist echt ’nen richtiger Smombie“, regte Flo sich auf. „Das schreib ich ihm jetzt mal.“ Sie zog ihr Handy aus der Tasche und tippte.
Sss, sss, machte Papas Handy und er lachte. „Und du bist eine Screenagerin!“
Flo hatte Freddy einmal erklärt, dass Smombie ein Kofferwort aus Smartphone und Zombie ist. Es

wurde erfunden, weil viele Leute mit dem Handy vor dem Gesicht wie Zombies durch die Straßen schlurften.

Danach hatte sie ihm noch erklären müssen, dass ein Kofferwort ein Wort ist, wo zwei Wörter miteinander verschmolzen werden. So wird zum Beispiel aus Screen, also Bildschirm, und Teenager Screenager oder aus Breakfast und Lunch Brunch. Freddy hasste Brunch. Da saßen die Erwachsenen den ganzen Vormittag zusammen und führten megalangweilige Gespräche. Außerdem aßen sie ekliges Zeug, wie Fischeier auf Crackern und Lachs mit Meerrettich.

Die Geschwister bogen in die Bergmannstraße ab. Freddy drehte sich um und sah, wie sein Smombie-Papa fast gegen einen Laternenpfahl lief. Erst in letzter Sekunde kriegte er noch die Kurve.

Wie cool wäre es eigentlich, wenn Papa wirklich ein Zombie wäre?! Er würde nie mehr schlafen und hätte superviel Zeit zum Spielen.

Beim Thema Zombie fiel Freddy wieder der seltsame Typ aus dem Treppenhaus ein, der Knoblauchkranz und die kleine Tür der Nachbarn.

„Hey, Flo“, sagte er. „Ich glaube immer noch, dass irgendwas in dem Haus nicht mit rechten Dingen zugeht. Lass uns heute Nachmittag die anderen Hausbewohner ausspionieren. Am besten, wir legen uns gleich nach der Schule auf die Lauer. Hast du ein Fernglas? Leider können wir uns nicht mit Handys abstimmen. Es ist so unfair! Wer sagt denn, dass man mit neun Jahren nicht auch schon ein Handy haben darf? Wenn wir einen von denen verfolgen müssen, wird es schwierig. Dann müssen wir doch unser Taschengeld für gute alte Walkie-Talkies zusammenkratzen. Ich hab fünf Euro und achtzig Cent. Reicht das? Wie viel hast du?“

„Hey, Halbling, ich gebe dir kein Geld!“, blaffte Flo ihn an. „Wir kaufen keine Walkie-Talkies und wir verfolgen keine Leute. Lass doch mal gut sein! Es reicht mir schon, dass Papa mich beim Frühstück wegen der ganzen Sache ausgeschimpft hat, und jetzt will ich kein Wort mehr davon hören.“

„Wovon willst du nichts mehr hören?“, mischte sich Papa ein.

„Geht dich nichts an“, sagte Flo.

„Wann hört das mit der Pubertät eigentlich wieder auf?", fragte Papa und erntete nur ein müdes Seufzen von seiner Tochter.

Sie blieben an einer roten Ampel stehen. Auf der anderen Straßenseite sah Freddy schon die Schule aufragen. Er überlegte. Wenn Flo nicht mitmachen wollte, musste er der Sache eben allein auf den Grund gehen. Als Erstes würde er sich dieses seltsame Autoschildergeschäft vornehmen.

KAPITEL 6

FREDDY KANN GUT MIT MENSCHEN

Eine Schar Glöckchen klingelte, als Freddy die Tür zu *W. Wütkes Wagenschilder* öffnete.
Hinter dem Tresen saß der Mann, den er am Vortag im Treppenhaus getroffen hatte. Er trug ein dunkelblaues Hemd mit weißen Streifen und eine graue Latzhose. Mit grimmiger Miene starrte er auf einen kleinen Fernseher. Das Bild flackerte.
Der Mann stöhnte. „Schon wieder 'ne Störung? Dreht der verdammte Hausverwalter jetzt etwa an de Satellitenschüssel uf'm Dach, oder wat?"

Freddy nahm all seinen Mut zusammen und sagte: „Guten Tag, ich interessiere mich für Autoschilder. Wird es billiger, wenn man zehn auf einmal kauft? Warum gibt es so viele Autoschildergeschäfte hier in der Straße? Können Sie überhaupt genug Geld verdienen, wenn Sie so viel Konkurrenz haben? Warum kosten die Schilder in manchen Geschäften viel und in manchen wenig? Wie viel müssen Sie denn mindestens verlangen, um noch etwas zu verdienen? Und wie werden die überhaupt hergestellt? Wie kriegen Sie denn die Nummer da drauf? Mein Name ist übrigens Frederick Feyerabend, aber alle nennen mich Freddy.“ Er holte tief Luft. Mal sehen, wie der komische Kerl nun reagieren würde.
Der Mann schaltete den Fernseher ab und wandte sich ihm langsam zu. Sein Bart und der tiefe Haaransatz ließen nicht viel mehr als die gelb schimmernden Augen und die große Nase von seinem Gesicht übrig.

Er musterte Freddy eine Weile reglos, bevor er mit tiefer, schnarrender Stimme antwortete: „Ja, dit wird billiger, wenn man zehn uf eenmal kooft. Dit jibt so ville Jeschäfte, weil hier inna Straße die Kfz-Zulassungsbehörde is. Dit is tatsächlich keen

Spazierjang hier Jeld zu verdienen, mit de ville Konkurrenz. Neben de Behörde sind die Schilder teurer und dann werden se imma billiger, umso weiter du de Straße runterjehst. Ick sollte wenigstens 15 Euro für'n paar Nummernschilder kriegen. Sonst lohnt sich dit nich. Zur Herstellung hab ick dahinten 'ne Schilderpresse und 'ne Heißprägemaschine. Und ick bin Wolfgang Wütke. Dein Name jefällt mir übrigens sehr jut. So würd ick och jerne heißen. Feyerabend is ma die liebste Zeit des Tages. Witzjer Name für 'nen Kobold! So ja nich irisch."
Hatte Herr Wütke ihn da gerade Kobold genannt? Freddy überlegte. Das hatte doch Poppy gestern auch schon getan. Was sollte das denn? Gaben die Hausbewohner hier allen neuen Nachbarn witzige Spitznamen?
Bevor Freddy etwas sagen konnte, fuhr der Ladenbesitzer fort: „Du bist jestern einjezogen, wa? Da könn wa uns wohl uf einje Streiche …" Wolfgang Wütke unterbrach sich. Er streckte seine Nase in die Höhe und begann zu knurren.
Freddy wich erschrocken zurück.

Was war denn auf einmal los? Hatte er was falsch gemacht?
Der Autoschilderhändler starrte an ihm vorbei auf die Straße.
Da war doch gar nichts, wunderte sich Freddy.
In dem Moment bog ein Postauto um die Ecke. Ein junger Paketbote sprang flummiartig aus dem Wagen und öffnete die Heckklappe. Er stapelte drei Pakete auf eine Sackkarre und eilte auf den Laden zu.
Wieder bimmelten die Glöckchen. Diesmal hörte sich das Geräusch jedoch bedrohlich an, fand Freddy.
„Morgen! Können Sie mir wohl ein paar Pakete abnehmen? Ist niemand zu Hause“, trompetete der Paketbote fröhlich.
„Sie ham ja noch nich mal jeklingelt“, bellte Wolfgang Wütke und fletschte die Zähne. „Sie können überhaupt nich wissen, ob de Leute zu Hause sind! Ick bin doch keene verdammte Postfiliale, Sie Kaspa!“
Freddy zog den Kopf zwischen die Schultern. Uih, uih, uih, dachte er, mit Herrn Wütke sollte man es sich besser nicht verscherzen.
„Ach, bitte“, flehte der Paketbote. „Ich habe noch das

ganze Auto voll. Ich schaffe das sonst nicht bis zum Ende der Schicht. Und Überstunden krieg ich nicht bezahlt."

„Und warum is dit meen Problem?", wollte Wolfgang Wütke wissen.

Wortlos hatte Freddy das Gespräch verfolgt. Doch nun hatte er eine Idee. Die Päckchen auszuliefern, war die perfekte Gelegenheit, die anderen Hausbewohner kennenzulernen!

„Ich kann Ihnen helfen, Herr Wütke", schlug er deswegen schnell vor. „Ich bringe die Pakete hoch."

„Du willst doch damit bestimmt nur Streiche spielen, du kleener Kobold?" Wolfgang Wütke zwinkerte Freddy verschwörerisch zu. „Na, meinetwegen. Tu, wat de nich lassen kannst."

Dankbar stellte der Bote die Päckchen auf dem Tresen ab. „Bin schon wieder weg", raunte er und ergriff schleunigst die Flucht.

„Ick will aba nich, dass dit hier zur Jewohnheit wird. Dit nächste Mal klingeln Se jefälligst. Ham wa uns da verstanden?", rief Herr Wütke ihm noch hinterher. „Ick kann Postboten nich ausstehen. Die dringen einfach unjefragt in fremder Leute Reviere ein. Dit ist voll dreist! Meinste nich?“

„Mhm“, machte Freddy. Er betrachtete die seltsamen Pakete.

„Also, dit Paket, wat hier so summt, is für die verwirrte Bettina im ersten Stock“, erklärte Wolfgang Wütke. „Und ditte …“

Freddy griff nach einem Päckchen und schüttelte es. Irgendwas kullerte darin herum. „… ist für Populonia Papadopoulos. Die kenne ich schon.“

Wolfgang Wütke versuchte das dritte Paket hochzuheben. „Bei dem für Dr. Mortis werd ick dir wohl helfen müssen“, seufzte er. „Dit is verdammt schwer.“

Freddy rannte die Treppe hoch. Schimpfend folgte ihm Wolfgang Wütke mit dem Paket auf dem Rücken. „Een komischer Kobold bist du! Du solltest Streiche spielen und nicht wie ein Heinzelmännchen die Leute helfen.“

Freddy sah sich nach einer Klingel um, fand aber nur einen altmodischen Türklopfer. Er pochte dreimal. Doch niemand öffnete. Dr. Mortis schien nicht da zu sein.

Als Freddy sich umdrehte, fiel ihm eine Spur roter Tropfen auf.

„Na, toll!", stöhnte Herr Wütke. „Wat hat denn dit alte Bleichjesicht jetze wieda bestellt?"

„Wir können das Paket in unsere Badewanne stellen. Ich schreibe Dr. Mortis einen Zettel", schlug Freddy vor und sauste los.

Grummelnd kam Wolfgang Wütke hinterher.

Sie verstauten das Paket in der Badewanne und machten sich auf den Weg nach unten.

„Du verfolgst dieset Pakete-Austragen 'n bisschen zu bejeistert für meen Jeschmack", knurrte Herr Wütke.

Freddy erschrak. Wusste Herr Wütke, dass er die Pakete nur abgeben wollte, um die Hausbewohner auszuspionieren?

Doch dieser fuhr fort: „Du willst doch wohl nich etwa Postbote werden, wenn du groß bist? Dann würde unsere Freundschaft uf der Stelle hier enden."

„Nein!“ Freddy atmete auf. „Ich will nicht Postbote werden, sondern Detektiv. Ich bin sehr gut im Rätsellösen und ich bin ziemlich sympathisch. Die Leute mögen mich immer gleich. Sie erzählen mir nach ein paar Minuten alle ihre Geheimnisse. Ich kann gut mit Menschen.“

„Pff! Menschen!“, murrte Herr Wütke und öffnete die Tür zum Geschäft.

„Ja, zum Beispiel Lina aus der B“, sagte Freddy und hüpfte hinterher. „Sie hat mir verraten, dass ihr Hund Coco den Ehering von ihrer Mutter gefressen hat. Lina wollte es aber ihren Eltern nicht sagen, weil sie Angst davor hatte, dass sie Coco dann aufschneiden, um den Ring rauszuholen. Das soll ich aber niemandem erzählen.“

„Een Kobold-Detektiv. Dit ist ja mal wat janz Neuet.“ Schmunzelnd verschwand Wolfgang Wütke hinter dem Tresen. „Da wirste bestimmt mal der Schrecken der Berliner Unterwelt.“

Schon wieder Kobold. Irgendwas stimmte hier doch nicht!

Freddy beschloss sich nichts anmerken zu lassen.

„Bevor ich auf Verbrecherjagd gehe, bringe ich den Nachbarn noch schnell ihre Post." Mit diesen Worten schnappte er sich die zwei Päckchen und stürmte zur Tür hinaus.

KAPITEL 7

BETTINA VERSTEHT NUR BAHNHOF

Bettina Blütenreich suchte nach ihrem Kleid. Wo war es denn nur wieder?

„Wisst ihr, wo mein Kleid ist?", fragte sie die Blumen.

„Das hängt im Kleiderschrank", antworteten die Rosen auf der Kommode. „Hinter dir."

„Wer hat es denn da reingetan?", wunderte sich Bettina. „Das waren bestimmt die Heinzelmännchen. Die räumen immer auf und dann findet man nichts mehr."

Sie öffnete den Schrank, zog ein knöchellanges

hellblaues Kleid hervor und streifte es über. Dann ging sie zur Frisierkommode, nahm sich eine Haarbürste aus Perlmutt und kämmte ihre langen blonden Haare.

„Du bist so wunderschön“, schwärmten die Rosen. „Deine Haut ist so weiß wie Milch, deine Augen so blau wie das Meer und dein Mund so rot wie reife Himbeeren.“

„Das sagt ihr doch nur so“, entgegnet Bettina Blütenreich verlegen.

„Aber nein“, widersprachen die Rosen. „Du bist engelsgleich! Und so gütig! Erst heute Morgen hast du uns so gutes Wasser gegeben.“

„Ja, vielleicht habt ihr recht.“ Bettina ließ sich auf ihr Wasserbett fallen und versank in den flauschigen weißen Decken und Kissen. Das Bett sah aus wie eine Wolke, von einem Flugzeugfenster aus betrachtet. Sie ließ ihren Blick verträumt durch das sonnendurchflutete Zimmer schweifen. Da fiel ihr der Stapel Briefe auf, der auf dem Nachttisch lag. Bettina griff nach dem obersten, faltete ihn auseinander und las ihn erneut.

Sehr geehrte Frau Blütenreich,

ich habe Sie schon wiederholt darauf hingewiesen, dass es in Berlin nicht gestattet ist, Kletterpflanzen auf dem Balkon zu züchten. Die Ranken können die Fassade beschädigen, Dachziegel lösen und die Regenrinnen verstopfen.
Ihr Zuwiderhandeln ist ein Kündigungsgrund. Ich kann Ihre Wohnung entweder räumen lassen oder Sie nehmen mein Angebot an, in eine Ersatzwohnung am östlichen Stadtrand zu ziehen. Die Wohnblocks dort wurden in den 80er-Jahren errichtet und haben Retrochic-Charakter. Sollten Sie nicht auf mein Angebot eingehen, werden wir uns vor Gericht wiedersehen.

Hochachtungsvoll
Walter Wiesel

„Hihi", lachte Bettina. „Wiesel ist ja so ein drolliger Name!" Kichernd legte sie den Brief zurück zu den anderen auf ihrem Nachttisch. Sie hatte ihn immer noch nicht verstanden.

Bettina Blütenreich ließ ihren Blick durchs Zimmer schweifen. Was hatte sie gerade vorgehabt? Ach ja, sie wollte sich einen schönen Sonnenstrahlentee aufgießen.

„Da kommt sie", flüsterten die unzähligen Kräuterpflänzchen in der Küche. Sie standen in hellbraunen Keramiktöpfen auf langen Regalreihen. Kleine Düsen benetzten sie mit einem feinen Sprühnebel.
„Hallo, meine Lieben", säuselte Bettina. Sie nahm das Holzschild vom Küchentisch und runzelte die Stirn. „Was ist das denn?"
„Das hast du gestern weiß gestrichen", antwortete die Petersilie.
„Ja, gestern gestrichen", wiederholte der Schnittlauch.
„Ach, wie komisch", lachte Bettina Blütenreich. „Wieso habe ich das denn nur getan?"
„Du wolltest eine Botschaft für Dr. Mortis darauf schreiben!", erklärte der Rosmarin.

„Eine Botschaft“, wiederholte der Schnittlauch.
„Stimmt!“, sagte Bettina und nickte bedächtig. „Jetzt fällt es mir wieder ein.“
Sie setzte sich, holte einen Stift aus dem Schubfach und begann zu schreiben.
Da hörte sie Schritte im Treppenhaus. Sie sprang auf, beeilte sich das Schild an die Tür zu hängen und sie schnell wieder zu schließen.
Mucksmäuschenstill verharrte sie im Flur und lauschte.
Die Schritte kamen näher und blieben vor ihrer Tür stehen.

KAPITEL 8

FREDDY WIRD IMKER

SIE DÜRFEN NICHT EINTRETEN, las Freddy erstaunt. Das klang ja nicht sehr einladend. Er war unsicher, ob er klingeln sollte.
Diese Bettina Blütenreich war bestimmt eine griesgrämige alte Frau, die Kinder hasste. Aber Freddy hatte Wolfgang Wütke versprochen, die Päckchen auszuliefern. Also atmete er tief durch und drückte den Klingelknopf.
Nach einem kurzen Moment öffnete sich die Tür, obwohl Freddy überhaupt keine Schritte gehört hatte. Eine wunderschöne Frau mit langen blonden Haaren und spitz zulaufenden Ohren stand vor ihm. Sie

schien von innen heraus zu leuchten. Die Dame lächelte Freddy an, wie er noch nie zuvor in seinem Leben angelächelt worden war.
Freddy bekam keinen Ton heraus. Es fühlte sich an, als säße in seinem Hals eine dicke, warme Kartoffel. Er versuchte sich zu erinnern, warum er geklingelt hatte.
„Ist das für mich?“, fragte Bettina Blütenreich mit glockenheller Stimme.
„Äh … ja. Das … äh … ist für Sie“, stammelte Freddy. Er legte das Päckchen für Poppy auf die Treppe und drückte Bettina ungelenk das andere in die Hand.
„Ich bin Freddy und ich helfe heute ausnahmsweise dem Paketboten. Herr Wütke will die Päckchen ja nicht den ganzen Tag in seinem Laden stehen haben. Wir sind erst gestern eingezogen. Um ehrlich zu sein, finde ich hier alle ein bisschen merkwürdig. Vielleicht können Sie mir weiterhelfen. Zum Beispiel hat Poppy mich gestern einen Halbling genannt und Herr Wütke meinte, ich wäre ein Kobold. Das ist komisch, nicht wahr? Ich bin doch eindeutig …“
„… ein Heinzelmännchen!“, rief Bettina. „Das habe

ich gleich gesehen. Auch wenn du etwas groß geraten bist. Eigentlich gut, dass du da bist, Fritzi. Ich wollte euch schon lange mal etwas sagen. Ich weiß, ihr meint es gut mit dem Aufräumen. Aber ich finde nichts mehr. Wer sucht denn schon ein Kleid im Schrank?“
Freddy guckte verdutzt. Ein Heinzelmännchen?! Sollte das ein Scherz sein? Offenbar steckten alle Hausbewohner unter einer Decke. Er beschloss das Theater erst mal mitzuspielen.
„Äh, ja … Okay“, sagte Freddy. „Jedenfalls sind Poppy und Herr Wütke sehr nett. Und Sie natürlich auch. Sie sind nett und so schön.“
Oje, was redete er denn da? War es unhöflich, so was zu sagen? Man sollte doch nicht über das Äußere von Leuten sprechen. Die inneren Werte waren wichtiger. Man sollte schön von innen sein. Aber diese atemberaubende Frau war eben auch schön von außen. Sie brachte ihn völlig durcheinander!
Sein Blick fiel auf den Kranz an der Tür. „Warum haben Sie eigentlich Knoblauch an der Tür? Bringt das Glück? Und was ist mit dem Schild? Haben Sie

nicht gern Besuch? Ich habe immer sehr gern Besuch und ich bin auch gern bei anderen eingeladen.“

„Nun ja“, meinte Bettina Blütenreich verlegen. „Ich mag schon Gäste, aber …“

„Ach, dann darf ich sicher kurz reinkommen?“, fragte er aufgeregt.

„Aber nur, wenn du versprichst, nichts aufzuräumen“, sagte die blonde Schönheit und ging vorweg durch den Flur.

„Äh. Alles klar“, antwortete Freddy und lief ihr hinterher. Nicht aufzuräumen war eine seiner leichtesten Übungen.

Er folgte Bettina Blütenreich ins Wohnzimmer. Dort hing eine große Schaukel von der Decke, die nur aus Efeu zu bestehen schien. Sie war geformt wie ein riesiger Eichhörnchenkobel.

„Schön haben Sie es hier“, sagte er. „Sind das echte Ranken? Die sind ja megakrass! Ihr Paket brummt übrigens.“ Freddy schaute die große blonde Frau neugierig an.

„Ja, da ist ein Bienenvolk samt Königin drin“, erklärte Bettina Blütenreich. „Ich liebe Honig so sehr. Darum

ernte ich meinen eigenen." Sie stellte das Paket auf einen runden Beistelltisch aus weißem Mangoholz.

„Na, Ferdi. Wollen wir die Bienen mal mit ihrem neuen Zuhause bekannt machen?"

„Ich heiße Freddy. Und ich würde Ihnen sehr gern helfen, Frau Blütenreich."

„Gut, Frieder. Du kannst mich übrigens Bettina nennen. Wir müssen dich aber besser schützen. Mal sehen, ob wir etwas Passendes für dich finden."

Sie holte einen großen Sonnenhut, den sie Freddy aufsetzte. Danach drapierte sie noch einen langen Schleier über sein Gesicht und seine Arme.

Dem Schleier entstieg ein betörender Duft von Wiesenblumen, Honig und warmer Milch. Freddy war ganz benebelt. Er betrachtete sich in dem antiken Standspiegel und musste grinsen. Gut, dass Flo ihn so nicht sah.

„Ich weiß, dass der Schleier normalerweise nur für die heilige Zeremonie zur Sommersonnenwende benutzt werden darf. Aber wir wollen doch nicht, dass das putzige Heinzelmännchen gestochen

wird“, sagte Bettina und blickte entschuldigend in Richtung Kommode.

Freddy runzelte die Stirn. Mit wem redete sie denn da? Da stand doch nur ein Blumentopf.

Bettina Blütenreich streifte ein Paar feine weiße Handschuhe über ihre zarten Hände. Sie öffnete die Tür zum Balkon und trug das Paket nach draußen. Dort gab es tatsächlich einen Bienenstock! Bettina riss die Pappe auf und das Summen wurde mit einem Schlag sehr laut. Sie zog einen Rahmen mit goldgelben Waben aus dem Paket, auf dem sich Hunderte Bienen tummelten. Behutsam trug sie ihn zu ihrem Bienenstock hinüber und hängte ihn ein.

Freddy staunte. Die Bienen umschwirrten Bettina, als wäre sie ein bunter Frühlingsstrauß. Es wirkte überhaupt nicht bedrohlich – eher überirdisch. Als würde dieses wunderschöne Wesen mit dem Schwarm verschmelzen.

„Warum tun Ihnen die Bienen denn nichts?“, wunderte sich Freddy.

„Ich lebe einfach im Einklang mit der Natur, Franz“, antwortete Bettina. „Auch wenn das in der Großstadt

nicht immer einfach ist. Wenn du willst, kannst du mir im Juni helfen, den ersten Honig zu schleudern."
„Wow! Vielen Dank. Das mache ich sehr gern", sagte Freddy. „Ich besuche Sie auf jeden Fall bald wieder. Am liebsten würde ich gar nicht gehen, sondern den ganzen Tag hier bei Ihnen und den Bienen bleiben. Leider habe ich aber noch ein Paket auszuliefern."
Freddy befreite sich von Hut und Schleier.
Bettina begleitete ihn zur Tür. „Dann sei das Licht mit dir, großes Heinzelmännchen."

Zurück im Treppenhaus kam es Freddy vor, als würde er aus einem Traum erwachen. War diese Bettina nun ein Mensch oder doch eine Elfe? Wohnte er in einem Haus voller übernatürlicher Wesen oder nicht?
Seine letzte Chance, das heute noch herauszufinden, war Poppys Päckchen.
Er bückte sich und hob es von der Treppe auf. Es klapperte wieder geheimnisvoll.
Freddy seufzte. Es wäre einfach megacool, wenn

dieses Mädchen eine Hexe wäre. Eine kleine Hexe, die bei ihnen im Haus wohnte.
Sie würde alles herzaubern können, was Freddy wollte. Zum Beispiel einen echten Dinosaurier. Sie könnte Freddy in die Urzeit schicken oder ihn in einen T. rex verwandeln. Das wäre so aufregend!
Aber wie sollte er es anstellen, dass sie zugab eine Hexe zu sein?

KAPITEL 9

POPPY HAT ZU TUN

Einen Stock höher stand Populonia Papadopoulos an ihrem Küchentisch. Auf der einen Hälfte stand ein großer Käfig, in dem sich ein Dutzend Mäuse tummelte. Auf der anderen war Poppy damit beschäftigt, zu große Kröten in ein zu kleines Einmachglas zu stopfen.

Das Rezept hatte sie von ihrer griechischen Urgroßmutter. Die hatte immer viel gekocht, um es Hekate, der Göttin der Hexen, zu opfern.

Das Hexenmädchen selbst liebte sauer eingelegte Amphibien jeder Art. Besonders im Sommer waren sie ein erfrischender Snack. Aber diese Kröten

wollten einfach nicht ins Glas passen, sosehr sie auch drückte und quetschte.
Poppy kletterte auf einen Stuhl, um einen großen Keramiktopf mit geblümtem Deckel vom Küchenschrank zu holen. Da klingelte es. Schimpfend schwebte sie wieder hinunter.
Sie stapfte den Flur entlang und öffnete die Tür einen Spaltbreit.
Oh, nein! Das war ja der Junge von gestern Abend. Was wollte der denn?
Den musste sie so schnell wie möglich wieder loswerden. Aber wie? Nachdenklich kratzte sie sich am Kopf.
„Was willst du?“, fragte sie. „Ich habe zu tun.“
„Das ist für dich“, sagte der Junge und hob das Päckchen hoch.
Poppy guckte skeptisch. War das ein Trick?
Ach, nein. Sie hatte ja tatsächlich getrocknete Echsenaugen bestellt. Es gab nichts, was man nicht im Internet bekommen konnte. Sie wollte eine Salbe gegen die Schwimmhäute anrühren, die immer noch zwischen ihren Fingern wabbelten.

Sie machte die Tür gerade so weit auf, dass sie nach dem Päckchen greifen konnte. Es rasselte. Anscheinend war mal wieder die Tüte gerissen. Nun kullerten die Echsenaugen lose im Karton umher. Die Leute von styx-shop.de verpackten die Bestellungen oft so schlampig. Sie würde bei der Bewertung einen Zauberstern abziehen.

„Danke", grummelte sie und wollte die Tür wieder zuwerfen, als sie zurückprallte.

Dieser freche Junge hatte seinen Fuß in die Tür gestellt. Das war ja eine Unverschämtheit oder eine Unerhörtheit. Je nachdem, was schlimmer war.

„Du musst dich vor mir nicht verstellen", sagte der Junge. „Wovor hast du denn Angst? Du bist doch eine Hexe, oder nicht? Dann bist du viel stärker und mächtiger als ich. Ich bin nur ein kleiner schwacher Mensch. Du könntest mich in eine Maus verwandeln und dich selbst in eine Katze. Dann könntest du mich einfach auffressen."

Dieser Junge war ja mit allen Wassern gewaschen. Dachte er vielleicht, er könnte ihr schmeicheln? Ihr, Populonia Papadopoulos? Da müsste er aber früher

aufstehen. So schnell würde sie sich nicht um den Finger wickeln lassen.
Außerdem hatte er keine Ahnung, wie schwer es war, Kinder in Mäuse zu verwandeln. Das ging doch nur am ersten Dienstag im Monat. Und sich selbst in eine Katze … Pff.
„Ich bin keine Hexe“, fauchte sie. „Frechheit! Geh weg!“
„Aber du hast Schwimmhäute zwischen den Fingern“, sagte der Junge und zeigte auf ihre Hände.
„Die sind nur angeklebt“, erwiderte Poppy.
„Gar nicht!“, rief der Junge.
„Doch! Ich kann damit besser tauchen. Und jetzt troll dich.“
„Wo sind eigentlich deine Eltern?“
„In der Schule“, sagte Poppy.
Der Junge riss verwundert die Augen auf.
Hatte sie etwas Falsches gesagt? Das Hexenmädchen dachte nach. Das war doch der Ort, wo man Leute hinschickte, wenn man zu Hause seine Ruhe haben wollte, oder?
„Sind sie Lehrer?“, wollte der Junge wissen.

„Ja, genau", sagte Poppy. „Und sie wollen nicht, dass ich mit Fremden rede. Du musst jetzt gehen." Sie schaute Freddy so lange und eindringlich an, bis er langsam den Fuß aus der Tür zog.
Poppy schloss die Tür und lauschte. Sie wartete, ob der kleine Schlauberger endlich mal abhauen würde. Der war ja viel zu neugierig.
Nach einer kurzen Weile hörte sie endlich Schritte auf der Treppe.
Poppy seufzte erleichtert. „Vorwitzige kleine Jungen kann ich so gut gebrauchen wie Hühneraugen an der Nase oder Schwimmhäute zwischen den Fingern!"
Sie würde den anderen dringend erzählen müssen, dass dieses merkwürdige Menschenkind hier rumschnüffelte. Aber nicht jetzt – die Hälfte schlief ja noch. Heute Abend würde sie die Hausalarmmäuse losschicken.

KAPITEL 10

FREDDY KRIEGT EINEN GROßEN SCHRECK

Papa und Ulrike bereiteten das Abendbrot zu. Freddy fütterte die Fische im Aquarium. Aus dem Kinderzimmer waren Flüche zu hören. Flo saß über ihren „verdammten“ Hausaufgaben.
Es klingelte. Niemand rührte sich. Also lief Freddy zur Tür.
Draußen stand ein sehr blasser Mann mittleren Alters. Er hatte strähnige schwarze Haare. Das Blau seiner Augen war so hell und wässrig, dass es fast durchsichtig schien. Wie geschmolzenes Schlumpfeis.

Den Kragen seines langen schwarzen Mantels hatte er hochgeschlagen. Bei seiner Erscheinung hätte man denken können, es würde ein Herbststurm toben. Dabei wehte nur ein laues Frühlingslüftchen.
„Guten Abend, lieber Gnom. Mein Name ist Mortis. Vigor Mortis. Ich habe Ihre Botschaft in meinem Postkasten gefunden. Sie waren so freundlich eine Sendung für mich entgegenzunehmen und ich würde sie nun gern abholen“, eröffnete der Fremde erstaunlich liebenswürdig das Gespräch. Sein Lächeln entblößte zwei spitze Eckzähne.
Dieser Typ sah aus wie ein Vampir. Oder war er einfach ein Grufti, der es cool fand, sich gruselig anzuziehen?
Freddy überlegte, was er aus seinen Spukgeschichten über Vampire wusste. Sie mochten kein Sonnenlicht und hatten kein Spiegelbild. Ihm fiel das Schild an Bettina Blütenreichs Tür wieder ein. Natürlich! Vampire mussten eingeladen werden, um eine Wohnung zu betreten. Wenn das kein guter Test war!
„Darf ich das Paket jetzt also abholen?“, fragte Dr. Mortis.

„Das können Sie gern“, entgegnete Freddy. „Ich habe es in die Badewanne gestellt, weil es irgendwie rot rausgetropft hat.“
„Würden Sie mich denn hereinbitten?“
„Wie meinen Sie das? Warum sollte ich Sie denn extra hereinbitten? Ich habe doch schon gesagt, das Paket ist hier im Bad“, sagte Freddy.
„Ich würde es auch gern holen, wenn Sie erlauben, dass ich eintreten darf“, versuchte es Dr. Mortis erneut. Auffordernd hob er die Augenbrauen.
„Wer sollte denn etwas dagegen haben?“, fragte Freddy, öffnete die Tür noch weiter und machte eine einladende Handbewegung.
„So geht das nicht. Ich kann nicht eintreten, wenn Sie mich nicht einladen, Herr Gnom.“ Der düstere Fremde trat ungeduldig von einem Fuß auf den anderen.
„Das habe ich doch schon längst“, erwiderte Freddy scheinheilig. „Was ist da eigentlich drin, dass es so rot durch den Karton suppt? Haben Sie Farbe bestellt? Wollen Sie Ihre Küche rot streichen? Oder ist das Tomatensaft? Ich mag ja keinen Tomatensaft und am

allerwiderlichsten ist das Stück Sellerie da drin. Im Flugzeug soll Tomatensaft ja supergut schmecken. Ich kann mir das nicht vorstellen. Tomatensaft schmeckt total muffig. Warum sollte das im Flugzeug anders sein?"

„Laut einer Studie der Geschmacks-Chemikerin Andrea Burdack-Freitag verköstigen die Leute im Flugzeug deswegen so gern Tomatensaft, weil in der Höhe Salze und Zucker weniger intensiv geschmeckt werden. Das liegt am niedrigen Luftdruck. Fruchtige Aromen schmecken aber immer noch gut", erklärte Dr. Mortis.

„Wie können Sie sich denn so schwierige Namen merken?", wunderte sich Freddy.

„Ich habe ein fotografisches Gedächtnis. Ich merke mir leider alles, ob ich will oder nicht. Es gibt so viel, was ich lieber nicht wüsste", jammerte Dr. Mortis.

„Wirklich? Ich merke mir gerne alle möglichen Dinge. Na, kommen Sie mal rein. Ich lade Sie ein die Wohnung zu betreten. Soll ich Ihnen mit dem Paket helfen? Das ist nämlich ganz schön schwer", bot Freddy an.

Endlich trat Dr. Mortis ein und begleitete ihn zur Badewanne. Die beiden hievten das große Paket heraus, schleppten es über den Flur und die Treppe hinunter.

Als sie sich der schwarzen Tür näherten, schwang sie wie von Zauberhand einfach auf. Sie traten in den stockdunklen Flur.
Freddy schlug der Geruch von feuchter Erde entgegen. Einen kurzen Moment lang hatte er das Gefühl, einen tiefen Wald zu betreten.
Dr. Mortis betätigte den Lichtschalter. Freddy war überrascht: Die Wohnung war hell und sauber. Die Holzdielen waren blank geputzt. Überall standen Blumen in großen Kübeln. Von der Decke hingen moderne Pendellampen.
Er musste sich geirrt haben. So sah doch nicht die Wohnung eines Vampirs aus! Der Mann war einfach nur höflich und wollte nicht eintreten, ohne eingeladen worden zu sein. Das war doch nett.

Die beiden stellten das Paket im Flur ab.
Dr. Mortis riss es auf und zog eine kaputte Flasche heraus. „Oh, nein! Der Flüssigdünger ist zerbrochen."
„Da haben Sie aber eine Menge bestellt", staunte Freddy mit Blick auf die bestimmt hundert Flaschen in dem Paket.
„Ja, ich brauche etwa eine pro Jahr", erklärte der Vampir. „Die reichen jetzt eine Weile. Ich bin bloß froh, dass das Schmieröl nicht ausgelaufen ist. Ich will ein paar Scharniere bearbeiten, damit sie nicht so laut quietschen, wenn ich mich zur Ruhe lege."
„Was quietscht denn, wenn Sie sich hinlegen?", wunderte sich Freddy. „Haben Sie ein Klappbett?"
„So was Ähnliches", antwortete Dr. Mortis. „Wie wärs, wenn ich uns jetzt erst mal einen schönen Blutorangensaft zubereite?"
„Klar. Warum nicht?", entgegnete Freddy. „Vorher müsste ich allerdings mal kurz auf die Toilette."
„Erste Tür links", rief Dr. Mortis und verschwand in die Küche.
Freddy huschte den Flur entlang und öffnete heimlich die Tür auf der rechten Seite.

Dahinter war das Wohnzimmer. Es gab eine große Couch, zwei Sessel, einen Heimtrainer und eine Regalwand mit Hunderten alter Bücher, die bis an die Decke reichte.

Er schlich auf Zehenspitzen weiter, bis zur Tür am Ende des Flurs. Sein Atem ging schneller. Freddy legte eine Hand auf die Klinke. Ihn beschlich ein unheimliches Gefühl. Doch seine Neugier überwog. Vorsichtig drückte er sie hinunter.

In dem Zimmer stand ein mit rotem Samt ausgeschlagener Sarg!

In Freddys Kopf überschlugen sich die Gedanken. Ein Sarg bedeutete Vampir. Vampir bedeutete spitze Zähne. Spitze Zähne bedeuteten Blut aussaugen! Sein Blut!

Freddy ging unwillkürlich zwei Schritte zurück und stieß gegen etwas Weiches. Er drehte sich um und sah Dr. Mortis dunkel vor sich aufragen.

Ihm stockte der Atem. Dr. Mortis beugte sich mit ausgestrecktem Arm nach vorn. Freddy schreckte zurück.

Dr. Mortis griff aber gar nicht nach ihm. Er beugte

sich an Freddy vorbei und drückte prüfend auf die Matratze. „Fühl mal. Die habe ich ganz neu erworben“, sagte er. „7-Zonen-Kaltschaum mit Memory Foam. Willst du mal Probe liegen?“

„Auf keinen Fall“, wehrte Freddy schnell ab. Es war ihm egal, ob der Typ es nur cool fand, sich schwarz zu kleiden und in einem Sarg zu schlafen, oder ob er ein echter Vampir war. Er war so oder so unheimlich! Freddy wollte ganz schnell hier raus.

„Eigentlich ist sie ziemlich bequem“, erklärte Dr. Mortis. „Trotzdem habe ich unerträgliche Rückenschmerzen. Ich bin Bauchschläfer und das ist ja bekanntlich das Schlimmste für den Rücken. Außerdem krieg ich keine Luft, wenn der Sargdeckel geschlossen ist. Ich habe Angst in engen Räumen. Es ist schon ein Kreuz. Oh, mein Gott, habe ich gerade Kreuz gesagt? Habe ich gerade Gott gesagt?“ Dr. Mortis lachte.

„Haben Sie etwa Angst vor Kreuzen und Gott?“, fragte Freddy und ging langsam rückwärts in Richtung Wohnungstür.

„Aber nein“, sagte Dr. Mortis. „Ich bin Atheist.“

„Was ist das?“
„Das heißt, ich glaube nicht an Gott. Ist doch aber interessant, dass einem trotzdem, wenn etwas Schreckliches passiert, nichts anderes einfällt, als ‚Oh, mein Gott‘, auszurufen. So, darf ich dich jetzt zum Abendmahl einladen?“ Dr. Mortis lächelte und seine spitzen Eckzähne blitzten auf.
„Äh … wie meinen Sie das denn? Was gibt es denn zum äh … Abendbrot?“, stotterte Freddy.
„Meine Leib-und-Magen-Speise sind natürlich kleine Gnome!“, rief Dr. Mortis und stieß ein teuflisches Lachen aus. Er versuchte Freddy zu packen.
Freddy schrie und sprintete zur Tür hinaus. Fast trat er dabei auf eine Maus mit einem Glöckchen um den Hals.

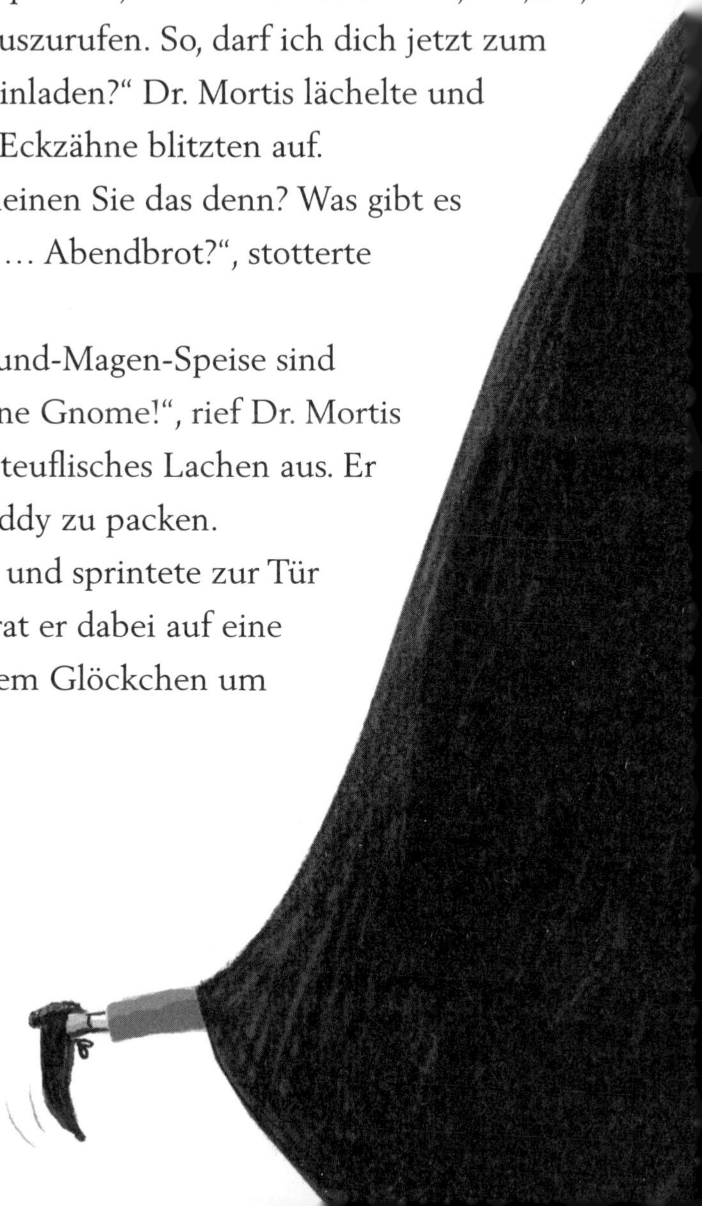

KAPITEL 11

POPPY RUFT ALLE IN DIE GRUFT

Populonia Papadopoulos trommelte mit den Fingern auf dem runden, schweren Holztisch. Sie hatte die Bewohner durch die Hausalarmmäuse unauffällig in die Gruft unter dem Keller gerufen. Tricks wie diesen brachte Poppy den Mäusen mithilfe von jeder Menge Nussschokolade bei.

Die meisten Hausbewohner waren schon da. Ihre Gesichter wurden von Fackeln erhellt, die in gusseisernen Haltern im feuchten Mauerwerk steckten.

Endlich kam auch Dr. Mortis und quetschte sich neben Bettina Blütenreich auf die rustikale Bank. Diese rümpfte die Nase und schaute stur geradeaus.
„Wat jibt it denn so Dringendes?“, bellte Wolfgang Wütke.
„Ich wollte euch darüber informieren, dass jetzt eine Menschenfamilie in unserem Haus wohnt“, verkündete Poppy.
„Wie bitte?“, fragte Bettina Blütenreich und sprang auf.
„Ja, im dritten Stock, wo vorher Kurt gewohnt hat“, erklärte das Hexenmädchen.
„Wat? Warum denn ditte?“, wollte Herr Wütke wissen.
„Menschen stehen auf Altbauwohnungen mit hohen Decken und Flügeltüren“, antwortete Poppy.
„Im dritten Stock war ich doch gerade. Da war kein Mensch. Nur ein sehr netter Gnom. Er hatte mein Paket entgegengenommen“, berichtete Dr. Mortis.
„Leider findet er es gar nicht lustig, wenn man einen kleinen Schabernack mit ihm treiben will. Sehr ungewöhnlich!“

„Ick dachte, dit is een Kobold!“, wunderte sich Wolfgang Wütke. „Der Kleene in meinem Laden war eindeutig een Kobold.“
„Ich bitte euch!“ Bettina Blütenreich setzte eine wichtigtuerische Miene auf. „Das ist wirklich eine Schande. Könnt ihr einen Kobold nicht von einem Gnom unterscheiden? Ein Gnom ist ein Erdgeist, der in der Natur lebt. Er würde sicher nicht hier nach Berlin in die Innenstadt ziehen. Kobolde wiederum sind bösartige Hausgeister, die gern Streiche spielen. Der kleine Kerl war eindeutig ein Heinzelmännchen. Sonst würde er doch nicht helfen Pakete auszuliefern.“
„Na, hör mal!“, empörte sich Wolfgang Wütke und warf die Arme in die Luft. „Wat sind denn dit für Vorurteile? Alle Gnome wohn im Wald. Alle Kobolde spielen Streiche. Alle Werwölfe sind hirnlose Bestien und alle Elfen sind schön und jütig, oder wat?“
„Alle, die ich kenne, schon“, sagte die Elfe eingebildet.
„Wat hat die Madame hier überhaupt zu melden?“, fragte der Werwolf an die anderen gewandt. „Die wohnt doch noch ja nich so lange hier?“

„Ich bin genauso Teil der Hausgemeinschaft wie der Rest von euch“, antwortete Bettina Blütenreich. Eingeschnappt setzte sie sich zurück auf die Bank – mit großem Abstand zu Dr. Mortis.
Poppy stützte den Kopf in die Hände. Wieso konnten sie nicht ein Mal eine Hausversammlung abhalten, ohne dass sich alle stritten wie ihre Familie beim Hexensabbat?
Sie dachte an ihre Cousinen Aphrodite, Athene und Hera, die immer darüber zankten, wer die Schönste sei. Bei jedem Familienfest musste Poppy sich das Geschrei anhören.
„Also das wüssten wir doch, wenn einer unserer Art im Haus Pakete ausliefert“, meldete sich nun eines der kleinen Wesen zu Wort, die auf dem Tisch standen. „Zudem möchten wir nicht Heinzelmännchen genannt werden. Wir bevorzugen Heinzelmänner.“
„Und Heinzelfrauen“, warf eine weitere kleine Gestalt mit roter Zipfelmütze ein.
„Dit kommt mir aba unnötich kompliziert vor“, grummelte Wolfgang Wütke.

„Du willst doch auch nicht Werwölfchen genannt werden“, meinte ein dritter Heinzelmann. Die kleinen Gestalten kicherten.
„Ihr könnt auch Heinzelleute sagen“, schlug ein vierter vor.
„Guh“, machte eine blasse Kreatur mit ungekämmten grauen Haaren und hob beide Arme. Die Jackenärmel hingen in Fetzen herunter.
„Stimmt, Rudi“, sagte der Werwolf. „Früher war allet einfacher jewesen.“
„Früher, früher! Wenn ich das schon höre“, stöhnte Bettina Blütenreich.
Poppy reichte es jetzt. Sie war eine friedliebende Hexe und musste dem hier ein Ende bereiten! „Wir sind doch hier, um etwas ganz anderes zu besprechen“, unterbrach Poppy die Streitenden. „Ich weiß sehr genau, dass es Menschen sind. Die Kinder haben es mir erzählt, als ich gestern aus Versehen in ihr Zimmer geflogen bin.“
„Du hast wat jetan?“, kläffte Wolfgang Wütke das Hexenmädchen an. „Biste denn wahnsinnig jeworden? Du kannst dich doch denen nich als Hexe

zu erkennen jeben. Willste die Attraktion von Kreuzberg, ach wat sag ick, von janz Berlin werden? Ick versteh dir da einfach nich, Poppy!"

Das Hexenmädchen schüttelte den Kopf. Nun wurde sie auch noch ausgeschimpft! Warum kapierten die anderen nicht, dass sie lieber zusammenhalten sollten? Warum hörten sie nicht richtig zu?

Sie wünschte sich, sie könnte sie einfach stummhexen. Aber Stummzaubern ging ja nur dienstags, wenn der Wind von Osten kam. In einer Gruft.

Moment mal. Es war doch Dienstag. Sie waren in einer Gruft und der Wind … Vielleicht könnte es klappen.

Das Hexenmädchen murmelte:

„Weil ich mal etwas sagen will,
Sind die anderen leis und still.
Alle hören mir nun zu,
Und ich habe meine Ruh!
Sie halten jetzt mal ihre Schnuten,
Wenigstens für zwei Minuten."

Wolfgang Wütke wollte weiter auf sie einreden. Er bewegte die Lippen, brachte aber keinen Ton mehr heraus. Verdutzt guckte er in die Runde.
Doch die anderen konnten nur mit den Achseln zucken.
„Ich hatte mich im Fenster geirrt“, erklärte Poppy. „Ich wusste nicht, dass es Menschen sind. Du hast sie doch selbst für Kobolde gehalten.“
Endlich hatte sie die Aufmerksamkeit der gesamten Runde.
„Wir müssen hier eine Lösung finden“, fuhr sie fort. „Ich frage mich, wer uns den ganzen Schlamassel überhaupt eingebrockt hat?“
Dr. Mortis meldete sich.
Poppy sah ihn an. „Ja, bitte?“
Der Vampir zeigte auf seinen Mund und zog fragend die Augenbrauen hoch.
Poppy beugte sich über den Tisch und tippte ihm mit ihrem Zauberstab an die Lippen. Da löste sich mit einem leisen Plopp der Stummzauber.
Dr. Mortis räusperte sich. „Das war bestimmt das fiese Wiesel.“

Wolfgang Wütke wedelte mit den Armen und deutete auf seinen Mund.
Poppy schwang den Zauberstab und alle in der Runde seufzten erleichtert.
„Ick wollte nur sagen, dat bei mir der Fernseher schon wieda nich jing!“, verkündete der Werwolf.
„Und ich habe noch so einen ulkigen Brief bekommen“, berichtete Bettina Blütenreich.
„Bei mir war die Wohnungstür zugenagelt“, klagte eine milchig weiße, halb durchsichtige Gestalt. Von einem großen grauen Hut fielen ihr Dutzende Spitzenbänder ins Gesicht, die sie ständig mit verschämten Handbewegungen zur Seite strich. „Er weiß ja nicht, dass ich einfach durch die Wand schweben kann.“
„Mensch, Frau Lohmeyer!“, rief Poppy. „Ich hatte dich noch gar nicht bemerkt.“
„Ja, ja“, schniefte das Gespenst. „Ich werde doch immer übersehen. Das kenn ich schon.“
„Entschuldige bitte“, beschwichtigte das Hexenmädchen. „Hatte ich euch eigentlich schon erzählt, dass der Hausverwalter mir Mäuse vor die

Tür gesetzt hat? Ich sollte mich wohl vor ihnen fürchten. Aber die waren so niedlich. Da habe ich sie behalten und trainiere sie nun zusammen mit den Hausalarmmäusen."
„Und ich kriege tagsüber kein Auge mehr zu", stöhnte Dr. Mortis. „Über mir klopft, trommelt und stampft es die ganze Zeit. Es klingt, als ob ein tollwütiger Affe Schlagzeug spielt. Herr Wiesel weiß ganz genau, dass ich sozusagen in der Nachtschicht arbeite."
„Ich kann es nicht fassen, dass der gute Kurt dem schrecklichen Wiesel das Haus vererbt hat. Was haben wir dem denn nur getan?", fragte Poppy ratlos in die Runde.
Kurt war ursprünglich vom Höhlenort Rübeland nach Berlin gezogen. Mit einer Größe von 2,30 Metern war er für einen Riesen ziemlich klein gewesen. Die anderen Riesen hatten sich oft über ihn lustig gemacht. Poppy gegenüber hatte er sich immer sehr freundlich verhalten. Sie war traurig, dass er nun nicht mehr da war. Sie vermisste es, wie Kurt sie bei ihren nächtlichen Spaziergängen immer in die Bäume hochgehoben hatte. Sie war in den großen Kastanien

am Landwehrkanal herumgeklettert, und wenn ihr die Lust vergangen war, hatte der Riese sie wieder aufgefangen.
„Ick hatte imma jedacht, Kurt würde dir dit Haus vermachen, Rudi“, grummelte Wolfgang Wütke. „Immahin biste, nachdem Kurt dit Haus jekoft hatte, als Erster hier einjezogen. War dir doch uf'm Friedhof nebenan zu feucht jeworden, wa?“
„Guh“, machte Rudi.
„Was hat er gesagt?“ Poppy blickte zu Dr. Mortis.
Der übersetzte: „Der Friedhof war Gift für sein Rheuma gewesen. Er hatte sich gut mit Kurt verstanden, obwohl sie nicht immer einer Meinung waren. Zum Beispiel, als es um Wolfgangs Einzug ging. Rudi war dagegen, weil er sich vor den vielen Menschen im Laden fürchtete. Er wollte nicht entdeckt werden. Rudi meint, er kenne doch die ganzen Zombiefilme. Er hat Angst, dass die Menschen Jagd auf ihn machen.“
Poppy wünschte sich, sie hätte nicht gefragt. Ein „Guh“ war mehr wert als tausend Worte!
„Wie auch immer“, sagte sie. „Wir sollten uns auf

jeden Fall nicht von dieser kleinen Herde Menschen abschrecken lassen. Wir müssen versuchen sie wieder loszuwerden."

„Wen wollen wir wo loswerden?", fragte Bettina Blütenreich und schaute verwirrt in die Runde.

Poppy seufzte. „Na, die Menschen! Wir müssen sie vertreiben. Das klingt doch ganz nach einer Aufgabe für dich, Frau Lohmeyer. Wer von uns kann denn hier am besten spuken?"

„Ich hab doch schon oft gesagt, meine Freunde nennen mich Ursel“, sagte das Gespenst mit belegter Stimme. Seine Augen füllten sich mit Tränen.
„Ach, Frau Lohmeyer. Jetzt beruhigste dir mal“, schlug Wolfgang Wütke ganz gegen seine Natur einen versöhnlichen Ton an. „Natürlich sind wa hier alle Freunde. Dit is halt ’ne Jewöhnungssache. So und als Freunde helfen wa einander und dit kannst du och tun. Poppys Idee is doch prima. Jeh ma rüber zu die Menschen und spuke und heule ’n bisschen rum. Wie de dit halt so machst. Dann packen die eens, zwo, drei ihre Koffer und ziehen hier wieder aus.“
„Ich spuke und heule doch nicht einfach“, beschwerte sich Ursel Lohmeyer. „Ich bin in echter Trauer. Ich bin so erschüttert, dass es mir das Herz zerreißt. Das mache ich doch nicht aus Spaß! Denkt ihr vielleicht, ich finde das schön?“
„Wie wärs denn, wenn de einfach ’n paar Etagen nach oben schwebst und da trauerst?“, fragte Wolfgang Wütke. „Damit würdeste uns allen ’nen janz großen Jefallen tun.“
„Ja. Das wäre toll. Gibt es noch andere Ideen?“ Poppy

wandte sich den Heinzelleuten zu. „Was ist denn eigentlich mit euch? Ihr habt ja noch gar keine Vorschläge gemacht."
„Wir könnten vielleicht aufhören ihre Schuhe zu putzen. Oder das Geschirr in der Nacht nicht mehr wegräumen", schlug der Größte von ihnen vor.
„Eventuell, aber das müssen wir nachher noch genauer bereden, könnten wir aufhören ihre Fenster zu putzen. Aber ich will da noch nichts versprechen", meinte ein Zweiter.
Ein Dritter stemmte empört die Arme in die Seiten. „Ich finde, das ist zu krass. Das müssen wir erst mit ins Plenum nehmen."
„Ich könnte mir vorstellen, dass wir das Kinderzimmer nicht mehr aufräumen", überlegte ein Vierter.
„Bleib mal realistisch! Das kriegen wir doch nicht durch!", erwiderte die Heinzelfrau.
„Wartet mal", unterbrach Poppy die Diskussion. „Ich meinte eigentlich, dass ihr wirklich was anstellt! Zum Beispiel Sachen kaputt macht, versteckt oder vertauscht. Könntet ihr die Menschen nicht richtig

ärgern, sodass sie denken, sie wären verrückt geworden?"
„Das kannst du nicht von uns verlangen. Das geht zu weit!" Kopfschüttelnd erhoben sich die Heinzelleute von ihren Plätzen. Sie seilten sich vom Tisch ab und verschwanden durch den Türspalt. Vorbei an der Hausalarmmaus, die dort mit ihrem kleinen Glöckchen um den Hals saß und an ihrer Belohnung knabberte.
„Puh. Das wird wohl eher nichts." Poppy seufzte. „Wie sieht es denn bei dir aus, Vigor? Kannst du die Menschen nicht ein bisschen im Hausflur überfallen und drohen, ihnen das Blut auszusaugen?"
„Gottbewahre! Ich muss doch sehr bitten. Ich bin Vegetarier", wehrte sich Dr. Mortis.
„Wat bist du?", fragte Wolfgang Wütke. „Is dit nich unjesund? Wo kriegst'n du deine Proteine her? Vampire trinken doch nich grundlos seit Jahrhunderten Blut."
„Nein, nein", sagte der Vampir. „Wir müssen kein Blut trinken. Den meisten schmeckt es einfach nur gut."
„Ach, das wusste ich ja gar nicht. Ich dachte immer,

alle Vampire trinken Blut“, bemerkte Bettina Blütenreich leicht errötend.
„Nein, schöne Dame. Das käme mir nicht in den Sinn. Ich würde keinem Geschöpf etwas zuleide tun. Ich liebe die Natur. Die leichte Röte auf den Wangen steht Ihnen übrigens ausgezeichnet. Es macht Sie noch anmutiger“, säuselte der Vampir und wollte die Hand der Elfe ergreifen.
Diese errötete noch stärker, senkte den Blick und entzog ihm ihre schlanken Finger.
„Das ist ja nicht auszuhalten“, schimpfte Poppy. So stellte sie sich die Hölle vor: Alle saßen an einem Tisch und redeten durcheinander. „Ob ihr alle mal bei der Sache bleiben könntet?! Doktorchen, ich meinte doch, du sollst nur so tun als ob. Und Wolfgang, du kannst doch so grausig den Mond anheulen! Das könnten wir doch einsetzen.“
„Na, hör ma“, beschwerte sich der Werwolf. „Ick hab ’ne sehr schöne Singstimme! Dit hat der Kurt och imma jesagt.“
„Der Kurt war fast taub“, erwiderte das Hexenmädchen.

„Deswejen hab ick ja imma so laut jesungen", sagte Wolfgang Wütke. „Na jut, ick erkläre mir einvastanden im Hof zu singen. Bass."
„Dann mach ich auch mit", sagte Frau Lohmeyer. „Ich singe Sopran. Wir können ja im Duett vortragen."

KAPITEL 12

FREDDY GRUSELT SICH VOR GAR NIX

Freddy lag in seinem Hochbett und blätterte in einem dicken Sagenbuch. Er wartete auf Flo. Heute hatte er viel zu erzählen!

Endlich ging die Tür auf und seine Schwester schlurfte herein.

„Mensch, Flo. Da bist du ja!", rief Freddy. „Wo warst du denn so lange?"

„Ich wüsste nicht, was dich das angeht", antwortete Flo. „Bist du von der Polizei, oder was?"

„Du wirst nicht glauben, was mir heute passiert ist",

sagte Freddy. „Ich habe mich mit einem Werwolf angefreundet, mit einer Elfe zum Honigschleudern verabredet, mit einer Hexe gestritten und bin von einem Vampir angegriffen worden!“

„Da hast du recht“, meinte Flo. „Das glaube ich tatsächlich nicht.“

„Doch wirklich …“, beteuerte Freddy, als ein furchtbares Geheule ertönte. Es klang wie eine Mischung aus einem angeschossenen Bären und zwei zankenden Katzen. Unheimlich.

„Flo, was ist das?“, flüsterte Freddy.

„Was weiß denn ich?“, zischte Flo. „Hört bestimmt gleich wieder auf.“

„Für mich klingt es nicht so, als ob sich dieses Etwas bald beruhigen wird“, widersprach Freddy. „Findest du das nicht gruselig?“

„Ich grusele mich vor gar nix“, sagte Flo.

„Ich auch nicht“, sagte Freddy.

Das Geheule wurde lauter und gipfelte in einem regelrechten Gekreische.

„Okay, Halbling. Du hast recht“, seufzte Flo und verschwand in Richtung Flur.

Schnell kletterte Freddy von seinem Hochbett hinunter und flitzte hinterher.
Ulrike und Papa lümmelten auf der Couch im Wohnzimmer und guckten eine Serie. Papa hatte schon sein Feierabend-Outfit an: selbst gestrickte Socken, Flanell-Schlafanzug und Bademantel.
„Macht mal stopp", rief Flo atemlos. „Hört mal. Da ist irgendwas komisch."
„A.i.B.!" Papa drückte den Pause-Knopf auf der Fernbedienung. „Ab ins Bett."
„Ihr solltet doch schlafen gehen, morgen ist ..." Ulrike brach ab und legte die Stirn in Falten. „Das klingt wirklich merkwürdig."
„Das muss irgendwas mit den Rohren sein", sagte Papa. Er stand auf und klopfte planlos auf der Heizung herum. „Da ist Luft drin oder so."
Ulrike lächelte milde. „Ich rufe morgen mal Herrn Wiesel an und frage den, was es sein könnte." Dann wandte sie sich an die Kinder. „Jetzt müsst ihr aber wirklich schlafen gehen. Morgen ist Schule."
„Aber, Ulrike ...", setzte Freddy an.
„Aber, Freddy", sagte Papa. „Du lässt mir keine andere

Wahl. Wenn ihr nicht schlafen gehen wollt, werde ich euch eins meiner berühmten Schlagzeugsoli vorspielen."

„Bloß nicht, Papa. Wir gehen ja schon!", rief Flo und zog Freddy mit sich.

Freddy kroch zurück ins Bett. Das Geheule hatte immer noch nicht aufgehört. Er presste sich das Kissen auf die Ohren. Es würde wohl eine kurze Nacht werden.

KAPITEL 13

FLO GLAUBT NICHT AN GESPENSTER

Flo hing müde am Küchentisch und löffelte verdrießlich ihr Müsli. Das war die schlechteste Nacht, die sie je gehabt hatte. Jedenfalls seit Kathi in der einen Woche letztes Jahr nicht mehr mit ihr befreundet sein wollte. Oder Flo nicht mit ihr. Oder die beiden nicht miteinander. Es war kompliziert gewesen.
Papa lehnte verschlafen im Türrahmen und schlürfte seinen Kaffee. Freddy kam mit einem dicken Buch unter dem Arm hereingeschlappt und ließ sich neben

Flo auf die Bank plumpsen. Alle hatten verstrubbelte Haare und tiefe Augenringe. Nur Ulrike war widerlich gut gelaunt.
„Ohrstöpsel“, trällerte sie ungefragt.
„Zählen wir jetzt einfach sinnlos Drogerieartikel auf, oder was?“, zischte Flo. „Das kann ich auch: Seife, Shampoo, Rasierklingen!“
Ulrike tat, als hätte sie nichts gehört. „Sag mal, Frank, hast du gestern Nacht noch den Geschirrspüler ausgeräumt? Und die Schulbrote für die Kinder sind auch schon gemacht! Konntest du nicht schlafen?“
„Nee“, brummte Papa. „Konnte ich nicht. Hab aber keine Schulbrote gemacht. Du, Flo?“
„Ich schmiere doch keine Brote!“ Flo rollte mit den Augen. „Als ob ich nichts Besseres zu tun hätte!“
„Geh mich mal rasieren“, murmelte Papa und verschwand in Richtung Bad.
Ulrike eilte ihm hinterher. „Ich muss mir noch die Zähne putzen.“
Kaum waren die Erwachsenen weg, plapperte Freddy los: „Das waren sicher Heinzelmännchen. Deswegen ist die Tür gegenüber so klein.“

„Fängst du schon wieder mit diesem Blödsinn an, du Lauch?“, fragte Flo. „Ich habe keinen Bock auf deine Geschichten.“
Freddy knallte sein Sagenbuch auf den Tisch. „Hier! Ich habe reschaschiert.“
„Du hast was?“, wunderte sich Flo.
„Ich hab das halt nachgelesen“, erklärte Freddy. „Heinzelmännchen räumen nachts auf und machen die ganze Arbeit, während die Hausbewohner schlafen. Das Heulen in der Nacht waren auch nicht die Rohre. Das waren Gespenster. Wir leben wirklich in einem Haus voller komischer Spukgestalten oder so. Du musst mir einfach glauben.“
„Sicher, Halbling. Heute Abend, wenn Papa und Ulrike ins Kino gehen, laden wir deine Märchenfreunde alle schön zum Unospielen ein“, sagte Flo.
„Das ist die Idee!“, rief Freddy begeistert. „Wir könnten ihnen doch irgendwie auflauern.“
„Wie, das ist die Idee? Das ist doch ’ne komplett andere Idee“, regte Flo sich auf. „Deine Idee kommt von einem ganz anderen Planeten als meine,

Halbling." Sie wollte noch weiterschimpfen, als auf einmal wieder das Geheule losging.
Diesmal jedoch war es viel näher. Es kam aus dem Wohnzimmer.
Flo sprang auf und rannte durch den Flur. Freddy sauste hinterher.
Der Ton war markerschütternd. Er wurde immer höher und höher und schwoll so weit an, dass sich ein Riss durch die Wand des Aquariums fraß. Mit einem ohrenbetäubenden Knall gab das Glas nach. In einer großen Welle ergoss sich der gesamte Inhalt des Aquariums auf den Wohnzimmerteppich.
„Oh, nein, die Fische! Sie ersticken", schrie Flo.
Freddy lief zurück in die Küche, um eine Schüssel mit Wasser zu holen. Flo wollte ihm gerade folgen, bemerkte dann aber aus dem Augenwinkel eine Bewegung auf dem Balkon. Sie schaute nach draußen, doch da war nichts.
Nun kamen auch Papa und Ulrike ins Wohnzimmer gestürzt. „Was ist denn hier los?", rief Papa und starrte geschockt auf das kaputte Aquarium.
Freddy brachte die Schüssel. Gemeinsam retteten sie

die zwei Guppys Minerva und Albus sowie den Saugwels Severus und die kleinen Neonfische Harry, Ron, Hermine, Ginny, Fred und George. Flo hatte mal 'ne ziemlich heftige Harry-Potter-Phase gehabt.

Das Wohnzimmer war ein einziges Chaos. Überall sammelte sich das Wasser zu kleinen Pfützen voll Algen, Schlick und Kieseln. Diese eklige Sauerei würde Flo ganz sicher nicht wegwischen. Das konnte schön Ulrike machen.

„Ich glaube, es brennt", rief Freddy da auf einmal. Rauchschwaden waberten durch den Flur.

„Das ist der Hefezopf!", jammerte Ulrike.

Sie rannten in die Küche. Ulrike riss das Fenster auf und schaltete den Ofen aus. Als sie die Klappe öffnete, bekam sie einen Hustenanfall. Hektisch wedelte sie mit einem Küchenhandtuch, damit der Rauch in Richtung Fenster abzog.

Geiler Plan!, dachte Flo.

„Frank, hast du den Ofen auf Grillfunktion gestellt? Das ist doch viel zu heiß. Jetzt ist der schöne Hefezopf völlig verbrannt. Guck dir das an", schluchzte Ulrike.

„Schatz, ich war gar nicht in der Nähe des Herds. Vielleicht hast du aus Versehen wegen deines … du weißt schon … Zustands“, versuchte Papa sie zu beruhigen und legte seine Arme von hinten um Ulrikes Bauch.
Flo hasste diese Schmuserei. Konnten die Leute sich nicht ihrem Alter entsprechend benehmen? Und um welchen Zustand ging es denn hier? Dauerdummheit, oder was?
„Bitte, was?!“, blaffte Ulrike Papa an. „Nur weil ich … äh … dings bin, heißt das nicht, dass ich nicht mehr weiß, wie man einen Ofen bedient.“ Sie wand sich aus seiner Umarmung. „Ich kümmere mich jetzt um die Schweinerei im Wohnzimmer und du bringst mal besser die Kinder in die Schule. Es ist schon spät!“
Ulrike war ja mal wieder besonders komisch drauf! Normalerweise fand Flo es nicht so toll, in die Schule zu gehen. Heute war es ihr allerdings ganz recht. Von diesen Irren, die sich ihre Familie nannten, konnte sie gut eine Pause gebrauchen.

KAPITEL 14

FREDDY WIRD VERFOLGT

Es war verrückt! Freddy saß in seinem Klassenzimmer und sollte Matheaufgaben lösen. Dabei war es doch viel wichtiger herauszufinden, wer bei ihnen spukte! Da Flo ihm nicht glaubte, musste Freddy der Sache allein auf den Grund gehen. Er schlug sein Hausaufgabenheft auf und notierte:

- Autoschildermann: behaart, knurrt, mag keine Postboten, wahrscheinlich Werwolf

- Bienenfrau: wunderschön, elegant, spitze Ohren, wahrscheinlich Elfe

- Fenstermädchen: Handfeger, kann fliegen, Schwimmhäute an den Fingern, wahrscheinlich Hexe

- Grufti: Eckzähne, Einladung, Sarg! ANGRIFF!! Sehr wahrscheinlich Vampir!!!

Freddy dachte an Dr. Mortis. Ihm lief ein kalter Schauer über den Rücken. Das konnte nicht gut gehen. Früher oder später würde der Blutsauger erneut angreifen. Es gab nur einen Weg, das zu verhindern: Freddy musste ihm zuvorkommen. Mit einem Präventivschlag!

Das Wort kannte er aus den Nachrichten. Papa hatte es ihm erklärt. Dabei attackierte man den Gegner, bevor der es tat. Eigentlich hieß das, eine Prügelei anzufangen und sich dann damit rauszureden, dass der andere sonst angefangen hätte.

Mit gewöhnlichen Mitteln war ein Vampir jedenfalls nicht zu schlagen. Er würde sich gut vorbereiten müssen.

Freddy stand vor der großen Johannes-Basilika in der Lilienthalstraße. Ehrfurcht gebietend ragte die Fassade aus hellem Sandstein vor ihm auf.
Er gab sich einen Ruck und trat ein. Im Inneren war es kühl und dunkel. Doch das helle Sonnenlicht brachte die bunten Fenster zum Leuchten.
Freddy hatte noch nie eine so prunkvolle Kirche gesehen. Die Bodenfliesen waren mit Ornamenten verziert. Der Altarraum schien aus purem Gold zu bestehen.
Neben dem Eingang stand ein großes aus Stein gehauenes Weihwasserbecken. Er kramte eine kleine Flasche aus dem Rucksack. Da war Ulrikes ekliger Spinat-Smoothie drin gewesen, bevor er in der Schultoilette seinen Bestimmungsort gefunden hatte.
Freddy tauchte sie in das Becken. Weihwasser war ein guter Schutz gegen Vampire, das wusste er aus seinen Gruselgeschichten. Es verätzte ihnen die Haut.
„Was wird denn das?", hörte er eine strenge Stimme hinter sich.
Erschrocken fuhr er herum. Ein Mann in schwarzem Anzug mit weißem Kragen kam auf ihn zu.

„Ich … äh … brauche Weihwasser", stotterte Freddy. „Ich muss mich gegen einen Vampir schützen."
„Gegen einen Vampir?", fragte der Pfarrer. „Ist das dein Ernst?"
Jetzt, wo Freddy es laut ausgesprochen hatte, klang es ziemlich absurd. Erwachsene glaubten natürlich nicht an Vampire. Er würde es selbst nicht glauben, wenn er nicht gestern Abend von einem angegriffen worden wäre.
„Ja. Der wohnt bei uns im Haus", murmelte Freddy verlegen.
„So, so. Ein Vampir wohnt bei euch im Haus." Der Pfarrer hob die Augenbrauen.
Freddy drehte nervös die Flasche in den Händen. Aber es gab kein Zurück mehr. „Ja, wirklich", sagte er. „Ich würde mir auch nicht glauben. Aber der hat unsere Wohnung nicht ohne Einladung betreten und er hat einen Sarg und er wollte mich zum Abendessen aussaugen!"
„Nun, wenn das so ist … Dann werde ich das Wasser wohl vorsichtshalber noch mal extra segnen", antwortete der Pfarrer schmunzelnd. „Allmächtiger

Gott, alles hat seinen Ursprung in dir. Segne dieses Wasser. Voll Vertrauen erbitten wir von dir die Vergebung unserer Sünden, damit wir mit reinem Herzen zu dir kommen. Wenn Krankheit und Gefahren und die Anfechtungen des Bösen uns bedrohen, dann lass uns deinen Schutz erfahren. Darum bitten wir durch Christus, unseren Herrn. Amen." Er zeichnete ein Kreuz über Ulrikes Spinat-Smoothie-Flasche.
„Wow!", staunte Freddy. Wie cool, dass der Pfarrer diesen abgefahrenen Zauberspruch wusste!
Freddy hatte mal gelesen, dass die Messe früher auf Latein gehalten wurde. Dabei sprachen die ganz normalen Menschen gar kein Latein. Wenn der Pfarrer dann „Hoc est enim corpus meum"* sagte, verstanden die Leute nur Hokuspokus.
Freddy ging es genauso. Er verstand auch nur Hokuspokus. Aber jetzt hatte er doppelt gesegnetes Wasser! Mega.
„Danke", rief er und lief aus der Kirche.
Freddy machte sich auf den Heimweg. Jetzt brauchte er nur noch Eisenkraut und ein paar Stöcke.

* Tatsächlich bedeutet es: „Das ist mein Leib." Das sagen die Pfarrer beim Abendmahl.

Eisenkraut schwächte Vampire, wenn sie damit in Berührung kamen.
Er überflog noch mal die Seite, die er aus Ulrikes Heilkräuterlexikon gerissen hatte:

Eisenkraut, das auch Katzenblutkraut, Sagenkraut oder Wunschkraut genannt wird, wächst gern an Wegen und Hecken.

Manchmal war es doch ganz praktisch, dass Ulrike so auf alternative Medizin abfuhr.
Auf dem Bürgersteig der Bergmannstraße würde Freddy sicher keines finden. Also beschloss er über den Friedhof nach Hause zu gehen.
Er trat durch das große Tor und ließ den Großstadtlärm hinter sich. Die Vögel zwitscherten in den Baumkronen der alten Buchen. Auf der Wiese blühten verstreut weiße Maiglöckchen.

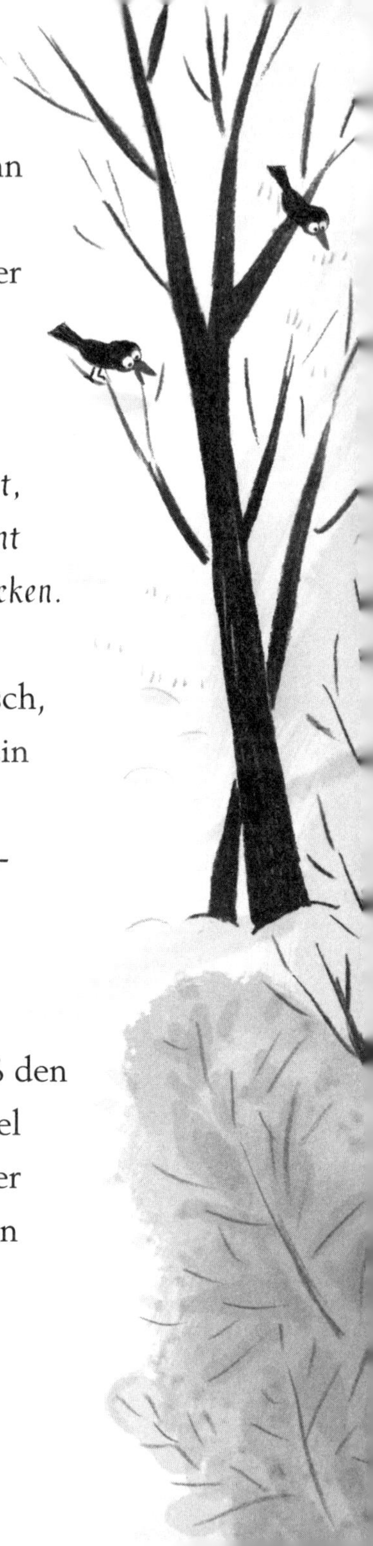

Freddy schlenderte zwischen den Gräbern entlang und las die Namen. Annemarie, Gustav, Walter, Wolfgang … Frederick! Da stand sein Name! Es war ein schauriges Gefühl, seinen eigenen Namen auf einem Grabstein zu lesen.

Neben dem Grab lag ein schöner trockener Stock. Er hob ihn auf. Ein Stück dahinter fand er noch einen. So lief er kreuz und quer über den Friedhof. Schließlich entdeckte er hinter einer kleinen Kapelle die lilafarbenen Blüten des Eisenkrautes. Freddy hockte sich hin und pflückte ein großes Sträußchen. Dabei beschlich ihn das Gefühl, beobachtet zu werden. Er drehte sich um. Ein Stück entfernt saß ein alter Mann auf einer Bank.

Irgendetwas stimmte mit dem nicht.

Freddy überlegte, was es war. Da fiel ihm auf, dass der Mann sich gar nicht bewegte. Er saß einfach nur da. Er saß da und starrte. Er starrte Freddy an.

Freddy richtete sich auf, ging hinter der Kapelle herum und spähte an der anderen Seite hervor.

Der alte Mann stand auf und kam auf ihn zu gehumpelt.

Freddy erschrak. Schnell lief er in Richtung Ausgang. Unauffällig warf er einen Blick über die Schulter. Der alte Mann streckte die Arme nach vorn aus und folgte ihm mit ungelenken Schritten, ein Bein hinter sich herziehend. Seine Kleidung war zerrissen, sein Gesicht wirkte grau und welk.

Freddy beschleunigte seine Schritte. Hinter ihm gurgelte es bedrohlich. Also begann er zu rennen. Er rannte, so schnell er konnte.

Zurück auf der Straße warf er einen Blick über die Schulter.

Der Mann war immer noch hinter ihm.

Keuchend erreichte er die Jüterboger Straße 13. Freddy ließ Stöcke und Eisenkraut auf den Boden fallen und kramte in seiner Jackentasche nach dem Schlüssel.

Er fand ihn nicht. Das konnte doch nicht sein! Er hatte ihn ganz sicher eingesteckt. Schwitzend grub er die Hände in die Hosentaschen. Vorne, hinten … nichts. Freddy schielte zur Straßenecke.

Der alte Mann kam immer näher.

Freddy klingelte Sturm.

Hoffentlich war Flo zu Hause.
„Sag mal, spinnst du", tönte es genervt aus der Gegensprechanlage. „Wenn du Musik spielen willst, kauf dir 'ne Flöte!"
„Mach mal schnell auf", rief Freddy. „Ich werde von einem Zombie verfolgt!"
Der alte Mann hatte ihn fast erreicht.
„Is klar!" Flo stöhnte, drückte aber trotzdem den Summer.
Freddy schnappte sich die trockenen Stöcke und das Kraut, hechtete in den Hausflur und schmiss in letzter Sekunde die Tür hinter sich zu.
Er war in Sicherheit.

KAPITEL 15

FLO MUSS BABYSITTEN

Draußen dämmerte es. Flo stand mit verschränkten Armen im Flur und guckte böse.
Papa nahm seine Jacke von der Garderobe. „Wir gehen jetzt, meine Große“, sagte er. „Ich will den Anfang nicht verpassen.“
„Warum guckt ihr denn einen Film, in dem die Leute nicht reden?“, fragte Flo.
„Das ist ein echter Klassiker“, antwortete Ulrike und schlüpfte in ihre Turnschuhe.
„Über Dracula!“, sagte Papa mit schauriger Stimme.
„Dann nehmt doch den Halbling mit“, rief Flo. „Der steht auf Vampire!“

„Freddy ist doch viel zu klein für ‚Nosferatu'", erwiderte Papa und öffnete die Tür.
Ulrike trat ins Treppenhaus. „Vampire sind echt gruselig! Er würde von dem Film sicher Albträume bekommen."
„Whatever", stöhnte Flo. „Viel wichtiger ist eigentlich die Frage, warum ich wieder auf ihn aufpassen muss? Ich hab auch ein Leben!"
„Natürlich, Schatz", sagte Papa. „Wir machen das wieder gut." Er schloss die Tür hinter sich.
Wütend stapfte Flo ins Wohnzimmer und warf sich aufs Sofa. Erwachsene waren wirklich das Letzte!
Natürlich dauerte es keine fünf Minuten, bis Freddy hereinkam. Aus dem Augenwinkel sah Flo, dass er lauter merkwürdige Dinge dabeihatte: mehrere knorrige Stöcke, einen Hammer aus Holz und einen aus Hartgummi, eine Spinat-Smoothie-Flasche mit Wasser drin, ein Sträußchen mit irgendwelchen Kräutern und einen Knoblauchkranz.
„Was wird das denn bitte?", fragte sie. „Willst du ein Gartencenter aufmachen?
Freddy ließ alles zu Boden krachen. „Das ist unsere

Ausrüstung, um den Vampir zur Strecke zu bringen", erklärte er. „Wir jagen ihm die angespitzten Holzpflöcke mit dem Hammer ins Herz. Ich habe den ganzen Nachmittag daran geschnitzt."

Freddy zeigte ihr seine Hände. Sie waren übersät von Blasen und Schwielen. Flo fragte sich mal wieder, ob sie nicht durch irgendeinen Zufall in die falsche Familie geraten war.

„Jedenfalls haben wir hier alles, was wir brauchen", fuhr Freddy fort. „Willst du den Holzhammer oder den aus Hartgummi?"

„Ich glaub, bei dir hackts! Ich lege mich doch nicht mit einem deiner blöden Stöcke auf die Lauer, um die Nachbarn zu pfählen", motzte Flo.

Freddy verzog das Gesicht. Den Ausdruck kannte sie schon. Jetzt würde er gleich betteln. Womit hatte sie es eigentlich verdient, einen so nervigen kleinen Bruder zu haben?

„Ich schwöre dir, Dr. Mortis ist ein Vampir", sagte Freddy. „Wenn du nicht willst, gehe ich einfach ohne dich. Und wenn ich dann von Dr. Mortis ausgesaugt werde und tot bin, wird es dir sehr leidtun, weil dich

Papa dann schimpft. Florentine, wird er sagen, du solltest doch auf deinen Bruder aufpassen und jetzt ist er tot. Na toll!“
Flo verdrehte die Augen. Jetzt wollte der Halbling ihr also drohen. Leider hatte er recht. Wenn ihm was passierte, würde sie eine gehörige Standpauke bekommen.
Stöhnend rappelte sich Flo von der Couch auf. „Ich fasse es nicht, dass ich bei so einem Quatsch mitmache. Du bist echt so ’ne krasse Nervensäge.“
„Ja, ja. Komm jetzt“, sagte Freddy und zog sie hinter sich her.

Sie versteckten sich hinter einem großen Lastenfahrrad im Hausflur. Freddy drückte ihr die Flasche in die Hand.
„Weihwasser“, sagte er.
„Wahnsinn!“, raunte Flo.
Sich selbst hängte er einen Knoblauchzopf und das Kraut um den Hals. So ein nerviger kleiner Halbling!

Flo nahm ihr Handy aus der Tasche. Kathi hatte ihr ein Bild geschickt von süßen kleinen Welpen, die am Strand Wellen jagten.
Ich wäre auch gern am Strand, tippte Flo. *Stattdessen sitze ich mit dem Halbling im Hausflur und warte auf einen Vampir.*
Sss, sss, machte Flos Handy. Kathi hatte ein Emoticon mit aufgerissenen Augen und offenem Mund geschickt.
Flo suchte kurz im Netz nach ihrem Lieblingsmeme: die Queen von England guckt genervt. Darunter stand: ICH HABE GENUG VON EUREM MIST!
Sss, sss, machte ihr Handy wieder. *Wer ist das denn?*, wollte Kathi wissen.
„Flo, mir ist langweilig", maulte Freddy. „Komm, wir spielen Witzekönig. Wer den besten Witz erzählt, gewinnt. Ich fange an. Was hat spitze Zähne und versackt in der Kneipe? – Ein Vambier!"
Flo wollte Freddy gerade einen Klaps auf den Hinterkopf geben, als sich die Haustür quietschend öffnete. Eine dunkle Gestalt mit langem, wehendem Mantel kam hereingerauscht.

Bevor Flo ihn aufhalten konnte, hatte Freddy sich einen angespitzten Stock geschnappt und war ihrem neuen Nachbarn vor die Füße gesprungen.
„Nimm das!“, schrie er und bohrte Dr. Mortis mit ausgestreckten Armen den Stock in den Mantel.
Das sah sehr witzig und ungelenk aus. Der Typ war ja viel größer als Freddy. Flo musste lachen.
Doch das Lachen blieb ihr im Hals stecken. Von einer Sekunde zur nächsten war die große dunkle Gestalt verschwunden. Wie eine Kerzenflamme, die man ausgepustet hatte.
Das konnte doch nicht sein! Mitten im Hausflur stand nur noch Freddy mit seinem bescheuerten Stock in der Hand. Flo schaute sich hektisch um.
Da entdeckte sie Dr. Mortis. Er hing kopfüber an der Decke wie eine Fledermaus.
Was zum Teufel! War das tatsächlich ein waschechter Vampir?
Freddy lächelte zufrieden. Siehst du, hab ich’s doch gewusst!, schien sein Blick zu sagen.
„Was in Gottes Namen soll das denn werden?“, fragte Dr. Mortis verwundert. „Wolltest du mich tatsächlich

gerade pfählen?! Was fällt dir denn ein, einen harmlosen Menschen so zu erschrecken?!"
„Sie sind kein Mensch!", rief Freddy.
„Wie kommst du denn darauf?", erwiderte Dr. Mortis verwundert.
„Na, Sie hängen unter der Decke", meldete sich Flo zu Wort. Sie quetschte sich hinter dem Lastenfahrrad hervor und schob sich schützend vor Freddy. „Ich habe noch nie einen Menschen gesehen, der so etwas kann."
„Außerdem haben Sie einen Sarg und spitze Zähne!", ergänzte Freddy.
„Oh, ja. Verstehe …" Dr. Mortis räusperte sich und glitt wieder von der Decke hinunter. „Es gibt aber auch keinen Grund, einen harmlosen Vampir so zu überfallen."
„Harmlos?" Flo verschränkte die Arme. „Sie haben meinen kleinen Bruder angegriffen! In Ihrer Wohnung!"
Schon drängelte sich Freddy an Flo vorbei und attackierte den Vampir erneut mit dem Stock. Diesmal entwaffnete Dr. Mortis die beiden

blitzschnell. Weihwasser, Hämmer und Pflöcke verschwanden einfach aus ihren Händen. Die Ärmel von Freddys Kapuzenpulli waren lang gezogen und auf dem Rücken miteinander verknotet.

„Jetzt lasst das mal. Ich tue euch doch gar nichts", sagte Dr. Mortis.

„Vampire sind gefährlich!", rief Freddy. „Sie saugen das Blut von Menschen aus! Wenn wir Ihnen nicht zuvorgekommen wären, hätten Sie uns zum Abendbrot verspeist. Das war ein Präventivschlag!"

Mit ruckartigen Bewegungen versuchte er sich aus seinem Pulli zu befreien.

Mumm hat der Halbling ja, dachte Flo.

„Um Himmels willen, nein!", regte sich Dr. Mortis auf. „Das ist nur ein Vorurteil. Blut trinken wir schon seit Jahrzehnten nicht mehr. Jedenfalls die meisten Vampire. Na ja, einige. Ich jedenfalls nicht. Ich würde nie das Blut eines Menschen trinken. Wer weiß, was der für Krankheiten hat. Und das Blut von Tieren trinke ich erst recht nicht. Pfui, Teufel. Habt ihr noch nie von Vogelgrippe oder Schweinepest gehört? Ich bin Vegetarier!"

„Das sind wir auch“, rief Flo. „Na ja, ich jedenfalls. Freddy wird bei Salamipizza schwach.“
„Die schmeckt einfach so gut,“ jammerte Freddy.
„Du weißt schon, dass das viele Wurstessen schädlich für unser Klima ist?“ Wenn es um Umweltschutz ging, war Flo nicht mehr zu bremsen. „Die Tiere pupsen Treibhausgase aus und fördern damit die Erderwärmung.“
„Ja, ja, ich weiß“, unterbrach Freddy sie. „Mensch, Flo, wir begegnen hier gerade einem Vampir!“
„Aber sie hat recht“, pflichtete Dr. Mortis ihr bei. „Die Pole schmelzen, der Meeresspiegel steigt und verschluckt ganze Länder. Das ist echt schlimm für alle, die da leben. Tiere, Menschen, Gnome, Elfen … Wenn man unsterblich ist, bekommt Nachhaltigkeit eine ganz andere Dimension.“
„Daran hab ich noch gar nicht gedacht“, sagte Freddy. „Dann gibt es also wirklich ungefährliche Vegetarier-Vampire?“
„Wenn ich dich losbinde, versprichst du, mich nicht wieder anzugreifen?“, fragte Dr. Mortis. Freddy nickte und der Vampir entknotete die Ärmel.

Sie setzten sich auf die Stufen im Treppenhaus.
„Passt auf, Kinder“, begann Dr. Mortis. „Ich erkläre euch mal, wie es zu diesem ganzen Schlamassel kommen konnte. Dieses Haus hat einem Riesen namens Kurt gehört. Er hatte es als Zufluchtsort für Wesen aller Art eingerichtet. Als er starb, erbte es Herrn Wiesels ‚Stiftung für einen guten Zweck‘. Er hat euch hier einziehen lassen, um uns zu vergraulen.“
Freddy hatte tatsächlich recht! Flo war fassungslos.
„In diesem Haus wohnen wirklich Spukgestalten! Und das verraten Sie uns einfach so?“
„Ach, ihr seid doch Kinder“, winkte Dr. Mortis ab. „Euch glaubt ja eh keiner.“
Das hörte Flo nicht gern. Sie war doch kein Kind mehr! Trotzdem hatte dieser Vampir natürlich recht. Diese Story würde ihnen niemand abnehmen.
„Weiß denn der Wiesel überhaupt, dass ihr nicht ganz … normal seid?“, fragte Freddy.
„Du bist auch nicht normal“, sagte Flo.
„Der Hausverwalter weiß es nicht“, antwortete der Vampir. „Jedenfalls hoffe ich das. Er will einfach nur unsere Wohnungen teuer verkaufen oder so.“

„Das ist ja voll gemein!“, regte sich Freddy auf.
Flo nahm ihr Handy aus der Tasche. Diesen Schnappschuss konnte sie sich nicht entgehen lassen. Vampir und Vampirjäger-Nervensäge, einträchtig nebeneinander auf der Treppe.
„Hey, ihr zwei“, rief sie. „Bitte lächeln.“
„Das wird doch nichts“, sagte Freddy. Diesmal war es an ihm, mit den Augen zu rollen. „Vampire haben kein Spiegelbild und können auch nicht von Kameras aufgenommen werden.“
Der Halbling hatte schon wieder recht! Flo starrte auf das Bild. Es war nur Freddy und ein leerer Platz neben ihm zu sehen. Flo schaute auf. Da war der Vampir. Sie schaute auf das Handy. Da war er nicht. Abgefahren.
„Mach dir nichts draus“, tröstete sie Dr. Mortis. „Nach ein paar Hundert Jahren gewöhnt man sich daran.“

KAPITEL 16

POPPY SUCHT NACH ZAUBERSPRÜCHEN

Poppy schaute hinaus in den Abendhimmel. Der schöne ‚Gesang' von Wolfgang Wütke und Frau Lohmeyer hatte leider nicht ausgereicht. Noch nicht mal das hohe C des Gespenstes hatte die Menschen vergraulen können – obwohl sogar das Aquarium geplatzt war. Sie würde selbst eingreifen müssen. Poppy schnappte sich ihren Laptop und ließ sich in den Schwebesessel fallen. Sie tippte www.dieglasgoogle.de in die Adresszeile ihres Internetbrowsers ein.

Sie wählte die Kategorie „Spuk & Spaß" aus. Nun gab sie die Bedingungen ein, unter denen sie hexen wollte:

+ an einem Donnerstag
+ in Berlin Kreuzberg
+ am Vormittag
+ bei abnehmendem Mond
+ mit Wind von Osten
+ wolkigem Himmel
+ Jupiter im Sternbild Schütze

Poppy drückte auf „Suche absenden" und erhielt folgende Ergebnisse:

– Funkensprühzauber (Du benötigst zusätzlich: eine Prise Mondstaub gemischt mit einem zerstoßenen Kindermilchzahn – Kindermilchzähne gibt es jetzt günstig bei zahnfee.shop)

– Kuscheltierzauber (Nur unter dem Bett eines Vierjährigen zu wirken)

– Rohrspritzzauber (Du benötigst mehr als zwei Hände)

– Telekinese (Möglich nur mit einem Zauberstab aus Silber-Ahorn-Holz, der im Wasser von sieben Wasser speienden Fröschen zweifach gebogen worden ist)

– Chaoszauber (Nur mit dem Kleidungsstück eines Polizisten möglich)

– Apfelkuchenzauber (Du benötigst zusätzlich: Mehl, Eier, Zucker, Butter, Backpulver, Zimt und Äpfel)

Das klang doch ganz vielversprechend. Poppy druckte die Liste aus und stapfte in die Küche. In der obersten Regalreihe entdeckte sie die Dose mit dem aufgemalten Mond.

Poppy gab ein bisschen von dem Mondstaub in den großen Steinmörser. Extra vorsichtig, denn Mondstaub war sehr selten. Die kleine Dose hatte sie von ihrer Großmutter geerbt.
Jetzt brauchte sie noch einen Kindermilchzahn. Gut, dass schon seit ein paar Tagen ihr eigener Eckzahn lose war. Sie wackelte ihn ein paar Mal hin und her und zog ihn mit einem Ruck heraus.
Einige heftige Hiebe mit dem Stößel reichten aus, um ihn zu Krümeln zu zermahlen. Das Gemisch füllte sie in ein Leinensäckchen, das sie sich an einem Lederband um den Hals hängte.
Als Nächstes rührte sie Algenpulver mit Wasser zu einer Glibbermasse zusammen und steckte ihre Hand hinein. Wenn alles gut ging, würde sie einen Abdruck von ihrer Hand herstellen. So, wie es auch Kieferorthopäden von den Zähnen armer kleiner Kinder machten.
Nach kurzem Warten versuchte Poppy ihre Hand zu befreien, aber sie steckte zu fest. Das Hexenmädchen hob die Hand in die Höhe und zog, so fest sie konnte, an dem Eimer.

Er löste sich, flog durch die Küche und knallte mit lautem Scheppern gegen den Kühlschrank.
„Ups“, lachte Poppy. Sie hatte jetzt keinen Eimer mehr an der Hand, nur einen dicken Algen-Glibber-Knödel.
Sie steckte die Hand samt Knödel zwischen die Knie und versuchte sie zu drehen. Es dauerte einen Moment, dann löste sie sich mit einem lauten Plopp.
Nun konnte sie das Loch mit Gips ausgießen.
Morgen um die Zeit würde sie eine dritte Hand haben.
Sie machte ein Häkchen hinter dem Rohrspritzzauber. Easy-peasy.
Die Telekinese wiederum bereitete ihr Kopfzerbrechen. Aber es wäre wahnsinnig praktisch, Dinge bewegen zu können. Das lästige Aufräumen hätte damit endlich ein Ende! Ein Wink mit dem neuen Zauberstab, und alle Dinge würden an ihren Platz fliegen.
Poppy schnappte sich den Handfeger, der eigentlich schon viel zu klein für sie war, und lief zum Fenster.
Viele Hexen übten auf einem Handfeger. Später,

wenn sie größer wurden, wechselten sie auf den Besen. Poppy konnte sich jedoch einfach nicht von ihrem Wuschel trennen.
Sie kletterte auf das Fensterbrett und stieß sich ab. Tapfer kämpfte sich der Handfeger in die Lüfte.

Nach einem kurzen Flug landete Poppy einigermaßen sanft am Märchenbrunnen des Volksparks Friedrichshain. Sie sah sich suchend um.
Am Rand des Brunnens entdeckte sie die Statuen von Rotkäppchen, Aschenputtel und Schneewittchen. In der Mitte fand sie, was sie brauchte.
Poppy balancierte auf den Stegen zu dem ersten Wasser speienden Frosch. In einem Fläschchen aus Bergkristall fing sie das Wasser auf. Sie wankte von einem Frosch zum nächsten. Das letzte Wasser holte sie vom Froschkönig.
Da rief jemand hinter ihr: „Komm sofort aus dem Brunnen heraus!"
Poppy drehte sich um und verlor das Gleichgewicht.

Sie wackelte hin und her und ruderte wild mit den Armen. Es half nichts.
Mit einem lauten Platsch fiel sie ins Wasser.
Ein Polizist eilte auf sie zu. „Was machst du denn hier im Brunnen?“, wollte er wissen. „Hier ist keine ausgewiesene Badestelle. Du verschmutzt das Wasser!“

Das Hexenmädchen stand prustend auf. „Ich wollte ja gar nicht baden“, verteidigte sie sich. „Das war deine Schuld. Du hast mich erschreckt.“
„Das ist Vandalismus!“, schimpfte der Polizist.
„Meine Güte“, erwiderte Poppy. „Ich vandaliere nicht. Kannst du nicht mal zuhören? Hat deine Mutter dir keine Manieren beigebracht?“

„Das ist auch noch Beamtenbeleidigung!“, regte sich der Polizist auf. „Also, äh … Beamtenmutter-Beleidigung. Ich werde dich jetzt nach Hause bringen und ein ernstes Wörtchen mit *deiner* Mutter reden.“
Das hatte Poppy gerade noch gefehlt. Sie wollte jetzt nicht nach Griechenland. Und was ihre Mutter anging, da reichten ihr die Ferngespräche mit der Kristallkugel völlig aus. Sie würde schnell eine Lösung finden müssen.

„Komm endlich aus dem Wasser“, rief der Polizist.
Natürlich! Sie war im Wasser. Das war die Idee!
Poppy tauchte unter und murmelte leise:

„Dieser Mensch hat aus Versehen,
Etwas gehört und auch gesehen.
Doch das soll mich gar nicht stressen.
Eins, zwei, drei, er hats vergessen.“

Poppy tauchte wieder auf.
Der Polizist schaute sie nur mit leerem Blick an. Er blinzelte ein paarmal. „Hä“, stammelte er. „Wer bist du?“
Das Hexenmädchen watete zum Rand und krabbelte leise fluchend aus dem Brunnen.
„Nicht so wichtig“, wiegelte Poppy ab. „Gib mir mal deine Mütze. Die kann ich später noch gut gebrauchen.“
Der Polizist nahm seine Mütze ab und reichte sie ohne Widerspruch weiter.
Nun musste Poppy nur noch den Zweig eines Silber-Ahorn-Baums finden. Den würde sie 77 Minuten in

dem gesammelten Wasser einweichen und auf einem mit Nägeln gespickten Brett in zwei Bögen legen. Nach zwölf Stunden würde der Zweig getrocknet und einsatzbereit sein. Und Poppy war es dann auch. Diese Menschenfamilie würde ihr blaues Wunder erleben!

KAPITEL 17

FREDDY RETTET EINE HEXE

Als Flo und Freddy am nächsten Tag aus der Schule kamen, war zu Hause die Hölle los. In der Küche spritzte Wasser aus der Heizung. Im Wohnzimmer lag Papas Schlagzeug in hundert Teile zerlegt und die Deckenlampen schwankten Funken sprühend hin und her.

Freddy kletterte auf den antiken Apothekerschrank, der umgekippt im Flur lag. Alle Schubfächer waren herausgefallen. Hier hatte er einen guten Überblick. Papa lief aufgeregt mit Flos Bastelkorb an Freddy

vorbei und Ulrike folgte ihm mit dem Werkzeugkasten. „Frank, lass mich das mal lieber machen“, redete sie auf ihn ein. „Um die Heizung abzudichten, brauchst du eine Wasserpumpenzange und Dichtungsmittel, keine Klebepistole. Ruf du mal lieber Herrn Wiesel an. Der kann vielleicht helfen.“
Der kann bestimmt nicht helfen, dachte Freddy. Das Chaos im Flur, die Heizung, die Lampen, das zerlegte Schlagzeug … Das war doch verhext!
Ganz sicher hatte Poppy ihre Finger im Spiel. Da konnte der nagetiergesichtige Hausverwalter gar nichts ausrichten. Falls der überhaupt helfen wollte.
Trotzdem griff Papa zum Telefon. Ulrike öffnete den Sicherungskasten im Flur und schaltete die Stromkreise ab. Doch die Lampen sprühten immer noch Funken.
Papa rannte mit dem Handy am Ohr den Flur auf und ab. Dabei stolperte er ständig über die herausgefallenen Schubfächer. Überdeutlich schrie er einzelne Worte: „Jüterboger Straße“, „Heizung“, „Elektrik“, „kaputt“, „Hilfe“.
Der arme Papa tat Freddy sehr leid. Aber er würde

ihm ja doch nicht glauben, wenn er ihm erzählte, wem sie den ganzen Spuk zu verdanken hatten.
Endlich bemerkte er Freddy und Flo. „Hey, Kids“, sagte Papa. „Sorry, aber hier herrscht schon den ganzen Vormittag Chaos. Könntet ihr bitte in euer Zimmer gehen? Das ist hier wirklich zu gefährlich mit den Funken.“
Freddy und Flo wechselten einen Blick. „Klar, Papa“, sagte Freddy.
Sie verschwanden in Richtung Kinderzimmer.

Freddy öffnete die Tür und glaubte seinen Augen nicht zu trauen. Seine Spielsachen und Flos Klamotten schwebten in der Luft und drehten sich wie in einem riesigen Wirbelsturm.
Draußen vor dem Fenster flog Poppy auf ihrem Handfeger. Sie trug eine Polizistenmütze und schwang ihren Zauberstab.
„Hey!“, rief Freddy laut.
Poppy erschrak sich, der Handfeger ruckte. Der

Zauber zischte in Richtung Spiegel, prallte dort ab und wurde zu ihr zurückgeschleudert. Ihr Handfeger fing Feuer. Das Hexenmädchen taumelte gefährlich hin und her. Sie würde abstürzen!

Freddy rannte zum Fenster und streckte ihr seine Hand entgegen. „Komm schon! Ich zieh dich rauf."

Der Handfeger wankte. Poppy versuchte Freddys Hand zu packen, aber sie schlingerte zu stark rauf und runter.

Freddy griff ins Leere. Er lehnte sich noch weiter aus dem Fenster, bis nur noch seine Fußspitzen den Boden berührten.

Der Handfeger sackte erneut ab. Freddy machte sich noch ein Stück länger und verlor den Halt. Da umklammerten ihn ein Paar rettende Hände von hinten. Flo hatte seine Beine gepackt.

Freddy streckte sich erneut nach Poppy aus. Endlich bekam er sie zu fassen und zog sie hinauf. Der brennende Handfeger fiel in den Hof und zerbarst im Funkensturm. Poppy, Freddy und Flo sanken auf die Holzdielen.

Das Hexenmädchen kam als Erste wieder auf die

Füße. Sie rannte zum Fenster, sah hinunter und begann zu schluchzen: „Mein armer Wuschel, er ist völlig hinüber!"
Freddy stand auf und ging zu Poppy hinüber. „Das tut mir so leid", versuchte er sie zu trösten. „Wenigstens ist dir nichts passiert. Das hätte übel ausgehen können."
„Ähm … ja … also, danke, dass du mich gerettet hast", stotterte Poppy.
„Na, hör mal", wiegelte Freddy ab. „Das ist doch wohl selbstverständlich!"
„Ich finde es gar nicht so selbstverständlich!", schimpfte Flo und kam wieder auf die Beine. „Schau doch mal, was die kleine Kröte mit unserer Wohnung angestellt hat."
„Wir wollen euch hier eben nicht haben", verteidigte sich Poppy. Sie stemmte die Fäuste in die Hüften. „Menschen im Haus sind gefährlich!"
„Unser Zimmer ist ein einziges Chaos!", schrie Flo und zeigte auf die Spielsachen und Klamotten, die in einem großen Durcheinander auf dem Fußboden lagen und über den Regalen hingen.

„Ich wollte euch nur erschrecken", sagte das Hexenmädchen.
„Und Papas Schlagzeug ist auch im Eimer", fuhr Flo fort. „Er verdient damit sein Geld! Willst du, dass wir verhungern, oder was?"
„Nein, ich ähm …", stammelte Poppy.
„Was hattest du dann vor?", fragte Flo und trat näher an Poppy heran.
„Ihr solltet halt denken, dass es im Haus spukt. Dann hättet ihr Angst gekriegt und wärt wieder ausgezogen", antwortete Poppy und wich einen Schritt zurück.
„Du bist echt *lost*!", rief Flo. „Wenn Papa noch nicht mal meinetwegen in der alten Wohnung bleiben will, wird er es sich wegen deiner bescheuerten Streiche sicher nicht anders überlegen."
„Es tut mir leid." Poppy guckte verlegen zu Boden.
„Das sollte es auch!", fuhr Flo fort. „Deinetwegen haben wir schon jede Menge Ärger bekommen und Papas Laune wird bestimmt nicht besser, wenn hier alles im Chaos versinkt!"
„Ach, Flo. Jetzt hör doch auf", ging Freddy

dazwischen. Seine Schwester verbiss sich manchmal in einen Streit wie ein Terrier in eine Wade. Sie konnte es einfach nicht gut sein lassen. „Poppy hatte Angst, okay?“

„Vor uns?“, fragte Flo. „Warum denn?“

„Na, dass ihr uns verratet“, sagte das Hexenmädchen.

„Wir sind doch keine Petzen!“, regte sich Flo auf. „Für wen hältst du uns denn?“

„Ihr seid die ersten Menschenkinder, die ich näher kennenlerne“, erklärte Poppy schulterzuckend. „Ich weiß doch nicht, wie ihr so drauf seid.“

„Du kannst uns wirklich vertrauen.“ Freddy schaute zu seiner Schwester, die noch immer ein böses Gesicht machte. „Und Flo tut es auch leid, dass sie so geschimpft hat. Stimmts, Flo?“

„Hmpf“, machte Flo. Sie verschränkte die Arme und guckte an die Decke.

Freddy gab ihr einen kleinen Stups. „Bitte! Hab doch ein Herz.“

„Dann soll sie aber helfen hier wieder aufzuräumen“, grummelte Flo.

Poppy zückte ihren neuen Silber-Ahorn-Zauberstab

und schwenkte ihn über dem Kopf im Kreis herum. Wie von Zauberhand sortierten sich die Spielzeuge und Klamotten wieder in Schränke und Regale.
„Wow!“, staunte Freddy. „Wie machst du das nur?“
„Nicht schlecht“, meinte Flo. „Das kannst du jetzt bitte jeden Tag machen.“
„Mit meinem neuen Zauberstab ist das kein Problem“, sagte Poppy verlegen. „Nur meinen Wuschel werde ich nie wieder hinkriegen. Worauf soll ich denn jetzt fliegen?“
„Muss es denn ein Handfeger sein?“, fragte Freddy. „Oder geht auch ein Besen?“
„Ein Besen ginge auch“, überlegte Poppy. „Ich war ja eh schon zu groß für Wuschel.“
„Dann habe ich eine tolle Idee!“, rief Freddy und rannte in die Küche.
Dort öffnete er die Vorratskammer und schnappte sich Ulrikes Besen-Sammlung. Die Arme voller Reisig flitzte er zurück ins Kinderzimmer.
„Die haben Ulrike und ihre Kolleginnen beim Teambuilding-Workshop gemacht. Damit sie sich besser verstehen“, erklärte er und streckte Poppy die

Besen entgegen. „Da kannst du dir gerne einen aussuchen."
„Wow, die sind ja wunderschön!", schwärmte Poppy und strich mit der Hand über die Besen. „Ich nehme den hier." Sie zog einen großen aus der Mitte heraus. „Und den hier."
„Die kannst du alle haben", sagte Flo und schaute verächtlich auf Ulrikes Besen-Sammlung.
„Gut." Freddy atmete auf. „Dann hat der Spuk bei uns ja endlich ein Ende."
„Na ja. Also, ich weiß nicht", druckste Poppy herum. „Das würde ich nicht unbedingt sagen. Ich habe nur die Nachmittagsschicht. Am Abend ist dann wieder Frau Lohmeyer dran und nachts Wolfgang."
„Aber kannst du ihnen nicht sagen, dass sie aufhören sollen?", fragte Freddy.
„Ich fürchte, das wird nicht so einfach", überlegte Poppy. „Die streiten immer alle wie Hund und Katz. Keiner hört auf den anderen. Es wäre gut, wenn wir noch Verbündete hätten."
„Ich glaube, Dr. Mortis ist auf unserer Seite", sagte Freddy. „Wir hatten unsere

Meinungsverschiedenheiten, aber das ist längst geklärt."

„Meinst du mit ‚Meinungsverschiedenheiten', dass du ihn pfählen wolltest?", fragte Flo.

„Ach, Vigor ist nicht nachtragend", winkte Poppy ab. „Ich habe ihm mal versehentlich Hasenzähne gehext und konnte sie erst fünf Wochen später zurückverwandeln. Er hat das mit Humor genommen."

„Gut, dann treffen wir uns heute Abend um acht bei Dr. Mortis", bestimmte Freddy.

„Blitz und Donner!", verabschiedete sich das Hexenmädchen. Sie kletterte auf das Fensterbrett und setzte sich auf einen der Besen. Den Rest klemmte sie sich unter den Arm, dann sauste sie davon.

Freddy sah ihr staunend nach.

Wie gern würde er auch fliegen können.

Nachdem Poppy verschwunden war, sprühten die Lampen keine Funken mehr. Freddy und Flo trauten sich nach draußen. Sie halfen Papa das Schlagzeug wiederaufzubauen und Ulrike den Apothekerschrank im Flur einzuräumen.
Bei Sonnenuntergang verabschiedeten sich Papa und Ulrike erschöpft, aber erleichtert ins Bad. Sie murmelten was von ‚heißer Badewanne' und ‚Entspannung'.
Keine Minute später kamen sie geknickt wieder heraus. „Das Wasser geht nicht. Was ist denn das für ein Tag?", stöhnte Papa und wollte das Licht im Wohnzimmer anmachen. „Der Strom ist auch kaputt. Toll. Wie sollen wir denn nun fernsehen?"
„Ich habe noch ein paar schöne Filme auf meinem Tablet", sagte Ulrike. „Komm, wir kuscheln uns bei Kerzenschein ins Bett. Das ist doch auch gemütlich."
Die beiden verschwanden im Schlafzimmer.
Auf diesen Moment hatten Freddy und Flo nur gewartet. Mit den beiden Erwachsenen im Bett konnten sie sich unbemerkt zur Tür rausschleichen.

KAPITEL 18

VIGOR MORTIS SIEHT ROT

Die Sonne ging unter. Der Wecker klingelte.

Dr. Vigor Mortis fuhr hoch und stieß sich den Kopf am Sargdeckel.

Grummelnd klappte er ihn auf und rieb sich die Beule. „Was meinst du, Vigor?“, sprach er halblaut zu sich selbst. „Wie wichtig sind Traditionen? Könnten wir das mit dem Sarg nicht lassen?“

Er rappelte sich auf und zwängte sich in seinen halblangen schwarzen Fitness-Overall. Er wollte ein bisschen trainieren.

Seine Rückenschmerzen waren im Herbst so schlimm geworden, dass er sich entschlossen hatte, einen Arzt

aufzusuchen. Das war nur gar nicht so einfach gewesen. Die meisten Ärzte schließen um 17 Uhr ihre Praxen. Er hatte bis zum Winter warten müssen, wo es schon sehr früh dunkel wird.
Bei drei Ärzten war er gewesen. Alle hatten ihn untersuchen und seinen Blutdruck messen wollen. Das war natürlich nicht infrage gekommen. Er hatte ja gar keinen Blutdruck. Jedes Mal hatte er einen Handyanruf vortäuschen müssen und fluchtartig wegen eines angeblichen Notfalls die Praxis verlassen. Endlich hatte er einen Chiropraktiker gefunden, der kurz vor der Pensionierung stand. Der hatte keine große Lust auf aufwendige Untersuchungen gehabt. Er hatte ihm eine Spritze in den Rücken gejagt und gemeint, er solle mehr Sport treiben. Ganzkörper-Fitness wäre gut. Am besten ein Crosstrainer, der stärke die Muskulatur.
Erst war Dr. Mortis ein bisschen skeptisch gewesen. Ein Vampir und ein Crosstrainer. Das passte zusammen wie eine Hexe und ein Scheiterhaufen. Aber schließlich hatte er sich überwunden und merkte nun schon erste Fortschritte.

Nach dem Training ging Vigor in die Küche und öffnete den Kühlschrank. Er fand Cranberrys, Rote Bete und Blutorangen. Das würde einen leckeren Smoothie ergeben.
Er stopfte Obst und Gemüse in seinen Stabmixer und drückte den Stecker in die Steckdose. Leider hatte er am Vortag vergessen den Schalter auf „Aus" zu stellen. Sofort ratterte der Mixer los. Blutroter Brei spritzte ihm ins Gesicht, an die Regale und hoch zur Decke.
Hastig zog der Vampir den Stecker – aber es war zu spät. Die Küche sah aus wie ein Schlachtfeld und er selbst wie ein Verwundeter.
„Ich sollte bald mal wieder die Kommune Heinz zum Essen einladen", sagte Dr. Mortis zu sich selbst und musste schmunzeln.
Er nahm eine Reiswaffel aus dem Schrank und kaute gelangweilt darauf herum. Dann schlurfte er ins Bad, um zu duschen.
Der Vampir war gerade dabei, sich einzuseifen, als plötzlich das Licht erlosch und das Wasser stoppte. Was war das nur für eine Nacht? Spukte Poppy

versehentlich in der falschen Wohnung oder war wieder mal der Wiesel schuld?
Zu allem Überfluss lief ihm auch noch das Shampoo in die Augen. Dr. Mortis tastete nach einem Handtuch und versuchte sich die Seife vom Körper zu reiben. Das Ergebnis war sehr unbefriedigend. Die Seife klebte wie Zuckerguss auf seiner Haut.
Natürlich klingelte es genau in solchen Momenten an der Tür. Dr. Mortis hastete zum Bademantel und stieß sich dabei den großen Zeh an der Fußbank.
Schimpfend humpelte er zur Tür.
Draußen stand Poppy mit den beiden Menschenkindern. Sie starrten ihn mit offenen Mündern an.
„Dr. Mortis, wie sehen Sie denn aus?“, rief Flo. „Ist das Blut in Ihrem Gesicht?“
„Nein, nein, das ist nur Smoothie!“, erklärte Dr. Mortis. „Leider sind der Strom und das Wasser ausgefallen, als ich gerade duschen wollte.“
„Bei uns auch“, sagte Freddy. „Papa war nicht gerade begeistert.“

„Na, kommt doch erst mal rein.“ Der Vampir trat zur Seite.

Freddy grinste. „Laden Sie uns ein?“

„Ja, ja, du Scherzkeks!“ Dr. Mortis schmunzelte. „Ich lade euch ein, meine Wohnung zu betreten.“

Sie gingen in die Küche. Bei Kerzenschein kochte der Vampir einen Vanille-Rooibostee.
„Was kann ich denn für euch tun?", fragte er und stellte ein paar Haferkekse auf den Tisch.
Freddy nahm einen Keks und antwortete mit vollem Mund: „Wir müssen dafür sorgen, dass der Spuk in unserer Wohnung aufhört."
„Und wir wollen wieder Licht und Duschen", forderte Flo.
In diesem Moment flackerte die Glühbirne und leuchtete wieder.
„Wow", staunte Flo. „Ich kann zaubern! Ich will außerdem ein neues Tablet mit megaviel Speicherplatz." Erwartungsvoll streckte Flo ihre Hände aus, aber nichts passierte.
„War wohl eher Zufall", sagte Poppy. „Ich war das übrigens nicht mit dem Strom- und Wasserausfall."
Dr. Mortis seufzte. „Dann ist es wieder eine Schikane vom Hausverwalter."
„Wir müssen mit den anderen Bewohnern reden", sagte Freddy. „Wir müssen sie davon überzeugen, dass nicht wir, sondern Herr Wiesel der Feind ist."

„Hm“, machte der Vampir. „Die anderen sind leider alle sehr dickköpfig und menschenscheu.“
Plötzlich hellte sich Poppys Miene auf. „Ich habe da eine Idee.“

KAPITEL 19

WOLFGANG WÜTKE WIRD WÜTEND

Wolfgang Wütke saß auf einer lila Yogamatte und kochte vor Wut.
„Dit fiese Wiesel will uns aus dem Haus haben", schimpfte der Werwolf. „Der denkt sich imma neue Jemeinheiten aus. Vor Kurzem hat er alle Briefkästen abjebaut und wir konnten keene Post mehr kriegen. Dann musste ick mit diesem bescheuerten Heini von eenem Briefträger diskutieren, den ick ja an sich schon hasse und ..."
„Herr Wütke", unterbrach ihn eine kleine Frau im

rot-grünen Häkelkleid. An ihren Handgelenken klimperten Armbänder mit Wunschkristallen. Wie sie hieß, hatte Wolfgang Wütke vergessen. „Sind Sie sich bewusst, dass es sich hier um ein *Anti*-Aggressions-Training handelt? Wir wollen lernen unsere Aggressionen und unsere Wut zu *kontrollieren*. Es bekümmert mich, wenn ein Teilnehmer sich so gehen lässt."

„Wie bitte?" Wolfgang Wütke traute seinen Ohren kaum.

„Ich fürchte, Sie haben in Ihrem Elternhaus kein sozialverträgliches Verhalten gelernt", fuhr die Kursleiterin fort. „Ihnen wurde anscheinend nicht gezeigt, wie man ruhig und gelassen mit seinen Mitmenschen umgeht."

Wie konnte diese Trulla so eine unglaubliche Behauptung aufstellen! „Uf der Welt jibt dit keene sanftmütigere Person als meene Mutta!", regte der Werwolf sich auf. „Ick zeig euch hier gleich mal sozialverträgliches Verhalten!" Er stand auf und hob drohend die Faust.

„Sie sollten sich angewöhnen", meldete sich einer der

Teilnehmer zu Wort, „Ihr Gegenüber aussprechen zu lassen."
„Ja, hören Sie sich doch erst mal die Sicht des Hausverwalters an", schlug ein zweiter vor.
Wolfgang Wütkes Puls raste. Sein Atem ging schneller.
„Ich habe den Eindruck, es fehlt Ihnen völlig an Einfühlungsvermögen", sagte ein dritter.
„Und Toleranz", ergänzte ein vierter.
Dem Werwolf rauschte das Blut in den Ohren. Seine Halsschlagader pochte. „Wat wollt ihr denn alle von mir?", schrie er. „Ihr wisst jar nich, wat der Hausverwalter für eene jerissene Type is. Und ihr seid uf dem seiner Seite und macht mich hier blöde an. Dit muss ick mir nich bieten lassen!"
Die Leiterin stellte betont langsam ihren Yogi-Tee zur Seite und legte ihre kleine warme Hand auf Wolfgang Wütkes Arm.
„Fass mir nicht an, Fräulein", knurrte er.
„Wir müssen wohl daran arbeiten, mit gut gemeinten Ratschlägen umzugehen", säuselte sie.
Wolfgang Wütke merkte, dass er hier schleunigst verschwinden musste. Sonst würde er sich gleich vor

versammelter Mannschaft in einen Werwolf verwandeln.
„Ihr habt doch alle ’ne Macke“, rief er und stapfte in Richtung Ausgang. Auf dem Weg nach draußen stieß er gegen die kleine Schale mit Weihrauch, die neben der Tür vor sich hin dampfte.

Wolfgang Wütke trat in den Hausflur der Jüterboger Straße 13 und schimpfte immer noch: „Meene Mutta beleidigen! Diese Spinner! Die könn mich mal jernehaben mit ihrem Anti-Aggressions-Training!“
Plötzlich überkam ihn ein seltsames Gefühl. Hier stimmte etwas nicht. Der Werwolf witterte Gefahr. Er betätigte den Lichtschalter, doch nichts geschah. Vielleicht war wieder eine Sicherung rausgesprungen. Seufzend polterte Wolfgang Wütke die Stufen zum Keller hinunter.
Er öffnete die Tür und blieb erstaunt stehen. Im Gang sah er eine seltsame Gestalt. Sie hielt eine Taschenlampe in der Hand und schlug mit einem

Hammer gegen den Hauptwasserhahn. Schon brach der Hahn laut klirrend ab und flog auf Wolfgang Wütke zu.
Mit einer lässigen Bewegung fing er ihn aus der Luft. „Wat würd'n dit hier?", bellte er und erkannte dank seiner scharfen Wolfsaugen den Hausverwalter Walter Wiesel.
„Puh, haben Sie mich erschreckt!", keuchte der Hausverwalter.
Der Werwolf kniff die Augen zusammen und knurrte.
„Ich wollte den Hauptwasserhahn wechseln", stammelte Herr Wiesel. „Der ist ja schon furchtbar alt. Aber leider ist er mir abgebrochen."
„Wer soll'n dit globen?" Wolfgang Wütke verschränkte die haarigen Arme. „Ick bin doch nich von jestern."
„Nun ..." Herr Wiesel huschte an dem Werwolf vorbei. „So ist es aber gewesen. Ich rufe mal einen Monteur an. In ein oder zwei Wochen haben Sie sicher wieder Wasser und Strom. Vielleicht drei oder vier, spätestens sieben, maximal acht." Eilig verschwand er die Kellertreppe hinauf.
Wolfgang Wütke besah sich den Schaden. Die

Ursache des Stromausfalls hatte er rasch gefunden. Im Verteilerkasten steckten kaputte Sicherungen. Die würde er austauschen müssen. Das war schnell getan. Der Wasserhahn hingegen war abgebrochen. Das würde nicht so einfach zu reparieren sein. Vielleicht würde er im Schuppen auf dem Hof noch einen Ersatzhahn finden. Er konnte ja nichts wegschmeißen. Irgendwie würde er das schon wieder hinkriegen. Einer musste es ja tun.

KAPITEL 20

FREDDY SCHWITZT IN EINEM SARG

Freddy fiel das Atmen schwer. Eng an Flo gedrückt, stand er in einem Sarg, der an der Wand in der Gruft lehnte. Er wartete auf seinen überraschenden Auftritt. Durch ein Astloch beobachtete er Dr. Mortis. Der schlug die Zeit tot, indem er die Spinnen an der Decke zählte.

„Dreiundzwanzig, vierundzwanzig, fünfundzwanzig Spinnen. Haha!", rief der Vampir. Es donnerte.

„Sehr witzig", sagte Poppy, die neben ihm am Tisch saß.

Freddy konnte es nicht fassen, dass er tatsächlich in einem Sarg wartete. Doch es war das einzige Versteck gewesen, das ihnen auf die Schnelle eingefallen war. Sie hatten Dr. Mortis' alten Schlafsarg auch erst ausräumen müssen. Der Vampir hatte ihn mit allerlei ausrangierten Geräten vollgestopft: einer Brotbackmaschine, einem Joghurtbereiter, einer Saftpresse, einem Handstaubsauger, einem Nasenhaartrimmer und einem Zahnanspitzer.
Flo flüsterte kaum hörbar: „Können wir bald hier raus? Mir pikst hier ein Sargnagel oder so was ins Kreuz."
„Wolfgang, komm rein. Wie gehts dir?", fragte der Vampir, als der Werwolf eintrat.
„Jing schon besser", knurrte dieser. „Dit jab mal Tage, wo man noch in Ruhe ‚Trolljäger' gucken konnte, ohne dass alle naselang 'ne Hausalarmmaus auftauchte."
„Du guckst ‚Trolljäger'?", fragte Poppy.
„Na und?", bellte Wolfgang Wütke. „Wat dajegen?"
„Chill mal", sagte Poppy. „Hatte Rudi dir nicht so ein Anti-Aggressions-Training rausgesucht?"

„Da war ick doch jerade vorhin“, knurrte der Werwolf. „Aba ick muss sagen, dolle jeholfen hat dit nich. Da jeh ick nich noch ma hin, hörste, Rudi?“
Freddy erschrak. Da kam ja der gruselige Kerl vom Friedhof hereingeschlurft! Wohnte der etwa auch hier?
„Guh“, antwortete der Zombie.
Freddy wusste nicht, wie er es in diesem alten Sarg noch länger aushalten sollte. Der Staub kitzelte ihn in der Nase. Hoffentlich würde er nicht niesen müssen. Panisch kniff er sich mit den Fingern die Nase zu. Das Kribbeln verging. Puh.
„Ich krieg keine Luft mehr“, stöhnte Flo neben ihm. „Mach mal ein bisschen Platz.“
In diesem Moment tippelte Bettina Blütenreich zur Tür herein.
„Och schon da?“, maulte Herr Wütke.
Noch bevor die schöne Elfe reagieren konnte, schwebte hinter ihr eine milchig weiße Gestalt durch die Wand. Es folgte ein Trupp Heinzelmännchen. Als sie das Gespenst streiften, kicherte es: „Ui, das kitzelt.“

Freddy stupste Flo an und bedeutete ihr durch das Astloch zu gucken. Da draußen saßen tatsächlich eine Hexe, ein Vampir, ein Werwolf, eine Elfe, ein Gespenst, ein Zombie und sieben Heinzelmännchen am Tisch!
Freddy trat von einem Fuß auf den anderen. Er wollte sofort raus und alle kennenlernen.
„Ich habe euch heute hergebeten", eröffnete Poppy die Versammlung, „weil ich euch zwei Personen vorstellen möchte, die uns mit dem Wiesel-Problem helfen können."
Freddy schlug das Herz bis zum Hals. Wann würde Dr. Mortis denn endlich das Zeichen geben?
„Aha …", sagte Bettina Blütenreich. „Ich sehe aber niemanden."
Da klopfte der Vampir gegen den Deckel. Freddy und Flo stießen ihn auf und sprangen aus dem Sarg. Die Hausbewohner kreischten.
Der Werwolf gewann als Erster seine Fassung wieder. „Vigor, wat fällt'n dir ein? Du Verräter! Du steckst mit unsre Feinde unter eener Decke!"
„Es war meine Idee!", sagte das Hexenmädchen.

„Wir sind nicht eure Feinde. Wir …“, versuchte Freddy dazwischenzugehen, wurde aber von Rudi übertönt.
„Guh, guh, guh, guh, guh, guh, guh, guh, guh, guh, guh, guh, guh, guh, guh, guh, guh, guh, guh, guh, guh!“, machte dieser.
„Was hat er gesagt?“, fragte Freddy.
„Er sagte: Mhmm, Abendessen!“, übersetzte Dr. Mortis.
„Nein, um Himmels willen!“, rief Poppy. „Die Kinder sind nicht dein Abendessen. Ich habe sie eingeladen, weil sie etwas Wichtiges zu sagen haben, das ihr alle hören solltet!“
„Ich brauche nichts zu hören. Ich bin nur eine Menschenfrau“, wiegelte Bettina Blütenreich ab. „Zugegeben, ich bin wirklich außergewöhnlich schön und anmutig, aber eben doch nur eine Menschin. Ich weiß gar nicht, was das hier soll. Also ich bin zufällig hier unten, weil ich mir eine Flasche Pier holen wollte, oder wie das heißt.“
„Jenau, Bettina“, spottete Wolfgang Wütke. „Du bist nur ’ne schöne Dame, de Heinzelleute sind einfach

nur superkleene Menschen, die jerne ufräumen, und Frau Lohmeyer hat nur'n Bettlaken übern Kopp jezogen, oder wat?"
„Ihr sollt mich doch Ursel nennen", jammerte Frau Lohmeyer.
„Jetzt fängt dit wieda an", stöhnte der Werwolf.
Poppy hatte recht, die stritten sich ja wirklich ganz fürchterlich! Wie sollte Freddy denn da etwas erklären? Ungeduldig hob er die Hand. Das musste ein Reflex aus der Schule sein.
„Wir sind aufgeflogen", weinte ein kleiner Heinzelmann. „Der Vampir hat uns verraten. Die Menschlein werden alle unsere Geheimnisse preisgeben und wir werden wieder umziehen müssen, wie damals in Köln."
„Wir werden nichts weitersagen!", rief Freddy. „Jetzt hört doch mal zu! Wir sind nicht eure Feinde. Im Gegenteil: Wir wollen euch helfen. Ihr erschreckt die Falschen. Euer eigentliches Problem ist der Hausverwalter!"
„Was glaubt ihr denn", fuhr Flo fort, „warum wir heute kein Wasser und keinen Strom haben?"

„Dit war Herr Wiesel“, bestätigte der Werwolf. „Ick hab den vorhin erwischt, wie er an der Technik im Keller rumjemacht hat.“
„Seht ihr!“ Freddy schaute triumphierend in die Runde. „Wenn hinter alldem Herr Wiesel steckt, dann solltet ihr lieber mal bei dem eure Gruselshow abziehen!“
„Überlegt doch mal“, mischte Poppy sich nun ein. „Was der Wiesel bei uns schon alles angerichtet hat! Der hätte es wirklich verdient.“
„Ja“, stimmte ihr Dr. Mortis zu. „Wir sollten uns an ihm rächen.“
Freddy nickte. „Wir helfen euch! Gemeinsam werden wir ihn so doll erschrecken, dass er euch in Zukunft in Ruhe lässt.“
Er dachte an all die Ausrüstung, die sie brauchen würden: ein Nachtsichtfernglas, ein Brecheisen, einen Bolzenschneider, Spraydosen, Funkgeräte mit Headset, ein Megafon, Helme, Brustpanzer, Suchscheinwerfer-Taschenlampen und natürlich durften sie die Snacks nicht vergessen. In den Filmen hatte die Polizei bei Undercover-Aktionen immer

jede Menge Donuts, Chips und Gummibärchen dabei.
„Das wird ein Riesenspaß“, rief Freddy. „Wer macht mit?“
„Also, Finn“, sagte Bettina. „Pass auf. Es ist ja nett, dass ihr uns helfen wollt, aber ich bin nicht sicher, ob das die beste Idee ist.“
„Ich finde, es ist eine tolle Idee“, entgegnete Dr. Mortis. „Die Kinder haben recht. Das Wiesel hat eine Abreibung verdient.“
„Dann müssen wir aber rauskriegen, wo der wohnt“, überlegte Freddy.
„Das ist kein Problem.“ Poppy holte eine Kristallkugel aus einem Samtbeutel an ihrem Gürtel.

„Abgecheckt und aufgedeckt,
Wo der Wiesel sich versteckt.
Zeig mir seinen schönen Bau,
Bin ich später richtig schlau.
Sehen will ich Haus und Garten,
Lass mich bloß nicht länger warten.“

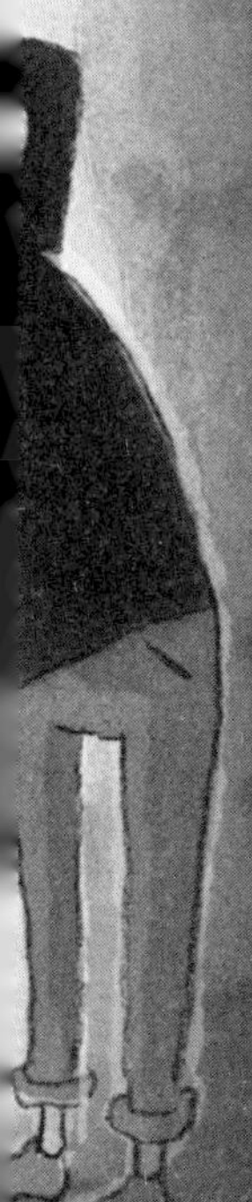

In der Kristallkugel tauchte eine herrschaftliche Villa auf.

„Alter Schwede, das ist kein Haus. Das ist ein Schloss!“, rief Freddy.

„Wie kann sich denn ein Hausverwalter ein solches Anwesen leisten?“, wunderte sich Flo.

Die Villa hatte drei Stockwerke mit Balkonen, Terrassen und ein mit Säulen umrahmtes Eingangsportal. An der Fassade rankten Kletterrosen mit großen zartrosa Blüten.

„Das sind ja ‚New Dawn‘-Rosen“, schwärmte Bettina Blütenreich. „Das ist eine preisgekrönte Sorte. Wir werden bestimmt Freundinnen!“

Freddy warf Flo einen fragenden Blick zu. Diese Elfe hatte anscheinend nicht mehr alle Tassen im Schrank. Flo nickte und sie schauten wieder in Poppys Kristallkugel.

Im Garten war ein Swimmingpool zu sehen und ein privater Zugang zum See. Vor dem Haus sprudelte ein

Springbrunnen inmitten von wunderschönen Tulpenbeeten. Hinter der Auffahrt ging es hinunter zur Tiefgarage. Das Grundstück war umgeben von einem heckenbewachsenen Zaun. „Vorsicht, bissige Hunde" war auf dem Schild an der Gartentür zu lesen. Über dem Tor befanden sich Überwachungskameras. Die hohen Mauern waren mit Stacheldraht gesichert.

Freddy schreckte das nicht ab. „Ich habe schon ganz viele Ideen. Wir müssen aber ein paar Sachen besorgen. Dann kann der Wiesel sich auf eine schöne Geisterbahn gefasst machen. Der Höhepunkt wird Frau Lohmeyer sein. Sie wird dem Wiesel verklickern, dass er die Jüterboger Straße 13 in Ruhe lassen soll!"

„Warte mal", sagte der Werwolf. „Wollen jetze hier schon alle die kleen Menschen da vatrauen, oder wat?"

„Guh", machte Rudi.

„Eben. Ich denke auch, dass sie uns schon längst verraten hätten, wenn das ihre Absicht wäre", stimmte der Vampir ihm zu. „Sie wissen doch schon seit Tagen, dass hier im Haus keine normalen

Menschen wohnen. Aber sie haben nichts ausgeplaudert."
„Wer will uns verraten?", fragte Bettina Blütenreich verwirrt.
„Liebste Bettina, die Kinder wollen uns nicht verraten. Sie wollen uns nur helfen", säuselte Dr. Mortis. Er nahm die Hand der Elfe in seine und schaute ihr tief in die Augen. „Vertraue mir."
„Ja, vertraue ihm", sagte Freddy. Aus dem Augenwinkel beobachtete er, wie Flo ihre geöffnete Hand vor den weinenden Heinzelmann hielt. Sie lächelte ihn aufmunternd an.
Der Kleine guckte erst schüchtern, doch dann kletterte er auf Flos Hand. Sie zog ihn langsam zu sich heran und streichelte ihn vorsichtig.
„Nun, ich gebe zu", lenkte Bettina ein, „dass Fritz wirklich sehr freundlich war bei unserer ersten Begegnung. Also gut, ich bin mit eurem Plan einverstanden."
„Ignoriert mich ruhig", quäkte Frau Lohmeyer. „Ich bin ja halb unsichtbar. Da ist meine Meinung wohl auch nur halb so wichtig wie die der anderen."

„Wat ist denn deine Meinung?", fragte Wolfgang Wütke.
„Mir ist es egal", sagte das Gespenst.
„Na mal jut, dass de dir Jehör verschafft hast." Der Werwolf seufzte.
„Dann stimmen wir jetzt ab", rief Dr. Mortis. „Wer ist dafür, den Kindern zu vertrauen und dem Wiesel einen schrecklichen Besuch abzustatten?"
Als Erstes meldete sich der kleine Heinzelmann auf Flos Hand. Es folgten Poppy, Dr. Mortis, Rudi, Bettina Blütenreich und die restlichen Heinzelleute.
Schließlich hob auch Frau Lohmeyer zögerlich die Hand.
Nur Wolfgang Wütke verschränkte die Arme vor der Brust und schaute bockig. „Uff mich müssta verzichten. Ick mach bei eurer Show nich mit."
„Immerhin haben wir eine Mehrheit", sagte Poppy.
Freddy sprang auf. „Den morgigen Tag wird dieses Wiesel nie wieder vergessen!"

KAPITEL 21

FLO WILL NORMALE LEUTE TREFFEN

Flo schleppte die volle Einkaufstüte die Treppe hoch. Unfassbar, was der Halbling alles hatte einkaufen wollen! Zum Glück hatte ihr Taschengeld nur für ein paar Sachen gereicht. Aber selbst die waren höllenschwer.

Freddy stürmte an ihr vorbei und schloss die Wohnungstür auf.

Mit letzter Kraft trug Flo die Tüte in die Küche und stellte sie neben der Tür ab.

Ihr Blick fiel auf Ulrike. Sie saß mit einer großen

Teetasse am Tisch und guckte gedankenverloren in die Ferne.

Ulrike drehte sich um. „Hey, ihr Süßen. Wie gehts euch?“

„Ich bin nicht süß“, maulte Flo und flüsterte Freddy zu: „Ist alles okay mit der?“

„Doch, doch“, meinte Ulrike. „Aber es ist schon komisch hier in der neuen Wohnung. Gestern ging alles drunter und drüber und heute ist alles wieder in Ordnung. Und ich meine damit nicht nur, dass es den ganzen Tag über ruhig war. Es ist sogar aufgeräumt. Die Lampen funktionieren wieder. Böden und Fenster sind geputzt, Waschbecken und Badewanne blitzeblank. Entweder bin ich verrückt geworden oder ihr Kinder spielt mir Streiche. Sag mal ehrlich, Flo …“

„Wir haben nichts damit zu tun! Andere würden sich einfach freuen, dass alles schön sauber und ordentlich ist“, giftete Flo sie an.

„Was habt ihr denn da besorgt?“ Ulrike stand auf und lugte in die Tüte.

Was sollte das denn?

„Ich kram doch auch nicht in deinen Taschen rum", beschwerte sich Flo und stemmte die Hände in die Seite.
„Taschenlampen, eine Spraydose schwarze Farbe, eine 10er-Packung Kinderbadeschaum, Bohnerwachs und ein Brecheisen. Was wollt ihr denn mit dem ganzen Zeug?", wunderte sich Ulrike.
„Ach, wir wussten ja nicht, wie es heute aussieht. Da wollten wir uns ein bisschen vorbereiten", log Freddy.
„Genau", sagte Flo. „Aber da du ja hier alles im Griff hast, kann ich vielleicht bei Kathi übernachten? Papa hat erlaubt, dass ich sie trotz des Umzuges so oft sehen kann, wie ich will. Das hat bis jetzt überhaupt nicht hingehauen. Ich muss echt mal hier raus. Normale Leute treffen. Wir müssen außerdem so viel bequatschen und …" Flo stieß Freddy in die Seite.
„Dann will ich aber auch bei Paul übernachten", rief Freddy schnell. „Das ist sonst total ungerecht. Ich will nicht den ganzen Abend allein mit dir und Papa rumhängen. Ich will bei Paul Lego bauen und leckeres Abendbrot essen. Bei denen gibt es nämlich immer überbackene Käsebrote mit Ketchup und

Gürkchen und nicht Quinoa-Salat wie bei euch! Ich rufe ihn gleich mal an."
Flo griff nach ihrem Handy. „Du kannst uns das nicht verbieten, okay? Ich schreib jetzt 'ne Nachricht an Kathi."
Eine Minute später piepte es. „Ihre Eltern sind total cool mit dem Plan. Ich such mal mein Zeug zusammen." Flo war schon aus der Tür. Sie klatschte sich kurz mit Freddy ab, der im Flur stand. Daraufhin knallte der das Festnetztelefon in die Station. Flo zuckte zusammen. Freddy schrie: „Pauls Mama hat Ja gesagt."
Flo schubste ihn. „Geht das auch leiser, Halbling?", fragte sie. „Mir fallen gleich die Ohren ab."
„Du darfst aber auf keinen Fall das Handy mit zu Herrn Wiesel nehmen", flüsterte Freddy. „Die Geheimdienste können uns sonst tracken und der ganze Plan ist für die Katz."
„Ernsthaft, Halbling. Du glaubst, der Bundesnachrichtendienst hat nichts Besseres zu tun, als mein Handy zu tracken?" Flo schüttelte den Kopf.
„Die Geheimdienste zeichnen alles auf", erwiderte

Freddy. „Weißt du das nicht? Guckst du keine Nachrichten?“

Flo seufzte. Waren alle kleinen Brüder so furchtbare Klugscheißer oder war ihrer eine Ausnahme?

Sie lief in die Küche und schnappte sich die Einkaufstüte.

Ulrike hatte wieder ihren Tee zwischen den Händen und starrte in die Luft.

„Wir packen dann und gehen los“, rief Flo.

„Ist gut“, sagte Ulrike und nickte geistesabwesend.

KAPITEL 22

~~FRAU LOHMEYER~~ URSEL MACHT EINEN AUSFLUG

Frau Lohmeyer schwebte vor dem Spiegel in ihrer Dachgeschosswohnung. Traurig blickte sie in ihr blasses Gesicht mit den Augenringen, den eingefallenen Wangen und den Falten auf der Stirn. Mit ihren Fingern schob sie die Haut zurück, um die Furchen zu glätten. Es brachte nichts. So makellos würde sie nie wieder aussehen. Ein lautes Schluchzen entfuhr ihr. Sie wandte sich von ihrem grausigen Spiegelbild ab und schaute sich um.

In ihrer Wohnung waren alle Möbel mit einer

zentimeterdicken Staubschicht bedeckt. Das lag natürlich vor allem daran, dass sie diese nie benutzte. Sie schlief nicht. Darum brauchte sie kein Bett. Sie aß nicht. Darum brauchte sie kein Geschirr. Sie wusch sich nicht. Darum brauchte sie kein Bad. Die Heinzelleute putzten bei ihr nicht, weil sie Angst vor ihrem Geheule hatten.
Einzig das alte Schachbrett auf dem Wohnzimmertisch glänzte. Frau Lohmeyer zog den schwarzen Läufer zum weißen König. Schachmatt! Vor Wut fegte sie die Figuren vom Tisch. Sie hatte schon wieder gegen sich selbst verloren.
Das Gespenst konnte den trostlosen Anblick der Wohnung nicht länger ertragen. Es gab einen Klagelaut von sich und schwebte durch den Boden bis hinunter vor das Haus.

Vor Wolfgang Wütkes Laden warteten Poppy, Rudi, Dr. Mortis und die Menschenkinder und plauderten fröhlich. Sie schienen gar nicht zu wissen, wie

schlecht es ihr ging. Also stimmte Ursel Lohmeyer wieder ihren Trauergesang an.
„Wieso sind Sie eigentlich immer so schlecht drauf?“, wunderte sich Freddy.
Das Gespenst seufzte. „Weißt du, Freddy. Ich war so schön. Viel schöner als alle anderen. Alle waren so neidisch auf mich. Keiner wollte mit mir befreundet sein. Doch es ist vergangen. Ich bin alt geworden und gestorben. Ich trauere um meine verlorene Jugend.“
„Guh, guh, guh“, röchelte Rudi. „Guh, guh, guh, guh, guh, guh, guh, guh, guh, guh, guh, guh, guh, guh, guh, guh.“
„Was hat er gesagt?“, fragten Freddy und Flo wie aus einem Mund.
„Er hat gesagt: Heul doch“, übersetzte Vigor und Frau Lohmeyer musste gleich noch viel lauter weinen.
„Och. Sei doch nicht so gemein zu der armen Ursel“, sagte das nette Menschenmädchen.
„Wo ist eigentlich unsere schöne Bettina?“, fragte Dr. Mortis.
„Die hat bestimmt vergessen, dass wir uns treffen wollten“, antwortete Frau Lohmeyer. „Ich habe sie

vorhin in Richtung Stadtgarten gehen sehen. Die Elfe ist ja nicht gerade die hellste Fackel in der Gruft ... wenn ihr wisst, was ich meine."
„Also, hör mal", empörte sich der Vampir. „Sie ist nur manchmal ein bisschen verwirrt."
Poppy reichte ihren Rucksack an Flo weiter. „Die Heinzelleute haben wir jedenfalls dabei."
„Heinzelleute?", fragte Freddy.
„So wollen sie genannt werden", erklärte Poppy.
„Dahinten kommt Bettina", rief Flo.
Frau Lohmeyer blickte sich um. Tatsächlich – wer sonst schleppte eine große grüne Gießkanne durch die Jüterboger Straße?
Natürlich nahm der Vampir der dusseligen Blumenelfe sofort die schwere Kanne ab. „Meine holde Dame", überschlug sich der alte Schleimer fast vor Höflichkeit.
Der war ja wohl voll verknallt. Was hat die Elfe nur, was ich nicht habe?, überlegte Frau Lohmeyer.
„Sie müssen sich doch nicht so abplagen!", fuhr der Vampir fort. „Das kann ich doch für Sie tragen. Wofür brauchen wir das denn?"

Frau Lohmeyer tat, als würde sie sich mit einer unsichtbaren Pistole erschießen. Was natürlich Quatsch war. Sie war ja längst tot.
„Blumen mögen kein frisches Leitungswasser", belehrte Bettina ihn. „Da sind zu viele Salze drin. Sie bevorzugen abgestandenes Regenwasser."
„Ach ja? Das wusste ich gar nicht. Was für ein grandioser Hinweis. Den werde ich in Zukunft unbedingt berücksichtigen. Ich liebe Blumen nämlich auch über alles", hörte das Gespenst den Vampir schwärmen.
„Wir müssen dann mal los", mahnte der Junge zum Aufbruch.
„Moment mal, Frau Lohmeyer", sagte Poppy. „So kannst du nicht in die U-Bahn. Da erkennen doch alle sofort, dass du kein Mensch bist." Das Hexenmädchen zog seinen knöchellangen Filzmantel aus und schnappte sich Flos Wollmütze. „Zieh das mal über."
Das Gespenst schlüpfte in die Sachen und folgte der voll bepackten Hausgemeinschaft zur U-Bahn.

Frau Lohmeyer wartete zusammen mit den anderen Bewohnern der Jüterboger Straße 13 auf den Zug. Sie war aufgeregt. Wann hatte sie zuletzt einen Ausflug gemacht? Sie konnte sich nicht erinnern. Außerdem war sie mit Freunden unterwegs. Sie würde endlich mal wieder einen schönen Tag erleben. Das hob ihre Stimmung. Fast könnte man behaupten, sie war guter Laune.

Da kam auch schon die U-Bahn und alle stiegen ein. Die Bahn fuhr an und glitt durch sie hindurch. Der Mantel und die Mütze fuhren mit der Bahn davon. Frau Lohmeyer schwebte ganz allein über den Schienen.

Die Fahrgäste, die auf die nächste Bahn warteten, starrten sie entgeistert an. So musste es sich anfühlen, wenn man in der Schule plötzlich nackt vor der Klasse stand. Frau Lohmeyer stieß einen spitzen Schrei aus und flog in einem Affenzahn hinter der U7 her.

KAPITEL 23

FREDDY SPUKT BEIM WIESEL

Freddy blieb vor einem hohen Gartentor stehen und lugte durch die Eisenstäbe. Inzwischen dämmerte es.
Frau Lohmeyer schwebte heran und maulte: „Ist das jetzt endlich das Haus von dem vermaledeiten Hausverwalter? Ich bin ganz erschöpft."
„Ja, das ist es." Freddy nickte. „Es sieht genauso aus wie in Poppys Glaskugel."
„Dann können wir ja loslegen", sagte Poppy. „Vigor, du weißt, was du zu tun hast?"
Der Vampir nickte. Freddy überreichte ihm die Spraydose und Dr. Mortis machte sich an die Arbeit.

Er sprühte die Linsen aller Überwachungskameras schwarz ein.
Sehr praktisch, dachte Freddy, dass der Vampir nicht von den Kameras erfasst werden konnte.
Poppy schwang sich auf ihren Besen. Sie rückte ein Stück nach vorn, um Freddy Platz zu machen. „Na, komm schon!“
„Darf ich wirklich?“, fragte er unsicher.
„Klar doch!“, sagte Poppy. „Der neue Besen trägt locker uns beide.“
Freddy saß auf. Der Besen machte einen Satz. Freddys Magen auch.
Zunächst drehten sie eine Runde, um sich einen Überblick zu verschaffen. Freddy musste sich zusammenreißen, nicht laut zu schreien vor Aufregung. Er flog tatsächlich auf einem Besen!
Hinter dem Haus bellten vier schwarze Doggen in einem Zwinger. Freddy warf ein paar Steaks zu den Hunden hinunter. Sofort stürzten sie sich auf das Fleisch und zerrissen es mit ihren scharfen Zähnen.
„Gut getroffen“, lobte Poppy. „Die werden eine ganze Weile beschäftigt sein.“

Sie umrundeten das Haus und landeten unterhalb eines geöffneten Fensters. Freddy und Poppy stellten sich auf Zehenspitzen und spähten hinein.
Sie sahen Herrn Wiesel an seinem Schreibtisch sitzen. Er telefonierte.
Schnell zogen sie ihre Köpfe ein. Freddy legte einen Finger an die Lippen. Die beiden spitzten die Ohren.
„Ich will die aus dem Haus haben“, schrie der Hausverwalter. „Es ist mir egal, ob die Bauarbeiten unnötig sind. Hauptsache, Sie errichten ein großes Gerüst vor dem Haus und machen viel Krach. Bauen Sie das Schild von diesem miesepetrigen Wütke ab und schütten Sie schön viel Staub auf die Balkone und den Hausflur. Und zwar pronto. Zeit ist Geld!“
Herr Wiesel knallte das Telefon in die Station.
Poppy und Freddy schlichen zurück zu den anderen. Atemlos erzählten sie ihnen, was sie soeben gehört hatten.
„Das soll also seine nächste Bosheit werden“, sagte Dr. Mortis. „Gut, dass wir hier sind.“
„Aber wie sollen wir in das Haus kommen?“, fragte Flo. „Kannst du uns da reinhexen?“

„Das würde ich ja gerne, aber Teleportation ist nicht so einfach, wie ihr denkt“, erklärte Poppy. „Und dann noch so große Dinge wie Kinder und Zombies. Dafür bräuchte ich einen Sack voll zermahlener

Weinbergschneckenhäuser und 100 Jahre alte in Whiskeyfässern gelagerte Spinnennetze. Außerdem müsste der Wind von Nordosten kommen und der Merkur im Steinbock stehen."

„Wenn ich nur über den Rasen zum Haus gelangen könnte", überlegte Bettina Blütenreich. Da hatte Dr. Mortis sie schon auf die Arme genommen und einen gewaltigen Satz über das Tor gemacht.

Die beiden rannten durch den Vorgarten.

Bettina begann die Blumen zu gießen.

Freddy stöhnte. „Dafür haben wir doch jetzt keine Zeit!"

Da sah er im nächsten Moment, wie Bewegung in die Kletterrosen kam. Sie rankten sich in Richtung der Fenster. Ihre Triebe und Stacheln wanden sich zwischen Fensterflügel und Rahmen hindurch. Auf einmal sprangen alle Fenster auf.

Herr Wiesel schoss von seinem Schreibtisch hoch. Wie ein aufgescheuchtes Huhn lief er durch alle Räume. Er versuchte die Fenster wieder zu schließen. Aber kaum hatte er sich umgedreht, öffneten sie sich erneut.

„Toll!“, jubelte Freddy. „Jetzt können wir einfach durch die Fenster reinklettern.“
„Der Spaß kann beginnen“, sagte Flo.
Poppy flog auf ihrem Besen zum Haus hinüber.
Freddy und Flo machten eine Räuberleiter für Rudi und schoben kräftig von unten. Der Zombie verlor das Gleichgewicht und dopste mit dem Kopf zuerst in der Einfahrt auf.
Freddy und Flo hielten sich entsetzt die Hände vor den Mund. Rudi richtete sich auf. Sein Kopf stand in einem unschönen Winkel zur Seite ab. Er legte beide Hände an die Ohren und renkte ihn mit einem abscheulichen Knacken wieder ein.
„Guh!“ Rudi hob die Arme, um Freddy und Flo über das Tor zu helfen.
Die Geschwister liefen zum Springbrunnen. Sie holten den Badeschaum aus den Rucksäcken und schütteten den gesamten Inhalt ins Becken. Innerhalb weniger Sekunden verwandelte sich die angeleuchtete Fontäne in ein rosa Schaummonster. Sie rannten weiter auf das Haus zu und trafen auf Bettina und Dr. Mortis.

„Nein, wirklich“, sagte die Elfe in Richtung der Kletterrosen. „Ihr seid die allerschönsten Blumen, die ich je gesehen habe. Euch wurde doch nicht umsonst der Titel ‚Weltrose‘ verliehen.“
„Ist mit der alles in Ordnung?“, fragte Freddy.
„Kommt sie mit rein?“
„Nein, ich glaube nicht“, antwortete Dr. Mortis und schaute verliebt zu der Elfe hinüber, die ganz in ihr Gespräch vertieft war.
Freddy und Flo kletterten durchs Wohnzimmerfenster. Der Vampir verharrte draußen im Garten.
„Was ist los?“, fragte Freddy.
„Ich kann doch nicht ohne Einladung eintreten“, klagte der Vampir.
„Dann lade ich Sie ein hereinzukommen“, sagte Flo.
Dr. Mortis hob zweifelnd die Augenbrauen, versuchte aber doch durch das Fenster zu steigen. Freddy hielt den Atem an.
Es klappte problemlos. Der Vampir stand im Wohnzimmer. Dr. Mortis zuckte mit den Schultern.
„Ist eh nur so eine Art Tradition.“

Sie huschten in den Flur. Der Vampir warf einen Blick hinter die nächste Tür. „Hier geht es hinunter in den Keller. Ich rieche erstklassige Weine. Mal gucken, was ich da tun kann. Haben wir einen schweren Gegenstand dabei?"

Flo reichte ihm wortlos das Brecheisen. Dr. Mortis verschwand hinter der Kellertür.

Freddy sah sich um. Im Inneren der Villa war es so steril wie in einer Arztpraxis. Ungemütlicher konnte ein Heim kaum sein. Die Böden waren weiß gefliest, die schwarzen Möbel auf Hochglanz poliert.

Flo setzte den Rucksack ab und öffnete ihn. Eine Schwadron Heinzelleute marschierte heraus und begann den Boden zu bohnern. Derweil schepperte es unter ihnen.

Freddy warf einen Blick in den Keller und grinste. Dr. Mortis spielte Baseball – mit Herrn Wiesels Weinflaschen.

Über ihnen im ersten Stock stürzte der Verwalter immer noch laut fluchend von einem Zimmer ins andere. Die Fenster machten so einen Krach, dass er seine Gäste noch gar nicht bemerkt hatte.

Flo ging in die Küche, Freddy blieb an der Tür stehen. Seine Schwester nahm einen Edelstahltopf aus dem Regal und Eier aus dem Kühlschrank. Beides zusammen stellte sie in die Mikrowelle. Sie drehte den Knopf.
Ein Höllenlärm brach los. Im Inneren der Mikrowelle begann es zu blitzen und zu rauchen. In aller Seelenruhe schlenderte Flo zurück in den Flur.
Da hörte Freddy Schritte auf der Treppe. Er zog Flo mit sich hinter die nächstbeste Tür.
Durch einen Spalt beobachteten sie Herrn Wiesel, wie er auf dem blank gebohnerten Fußboden ausrutschte. Seine Beine flogen nach vorn und mit dem Hintern knallte er auf die glänzenden Fliesen. Die Geschwister kicherten.
Freddy schloss leise die schwere Tür. Er sah sich um. In der Mitte des Zimmers stand ein Schreibtisch, an den Wänden eine lange Reihe Aktenschränke. Hier war anscheinend das Büro.
„Komm, Flo, hilf mir mal“, sagte er und öffnete einen der Schränke. „Hier ist es ja viel zu aufgeräumt.“
Die Geschwister rissen die Papiere aus den Ordnern

und warfen sie auf den Boden. Bald türmte sich ein ansehnlicher Berg aus Akten vor ihnen auf.
Frau Lohmeyer kam durch die Wand geschwebt und entdeckte das Chaos. „Oh, mein Gott, was macht ihr denn? Das geht zu weit! Man kann doch nicht die Ablage durcheinanderbringen. Ich habe früher in einem Steuerbüro gearbeitet, das ertrag ich nicht!"
Sie begann die Akten zu sortieren.
Auf einigen prangte ein großer goldener Schriftzug: „Wiesels Stiftung für einen guten Zweck".
Freddy runzelte die Stirn. „Sieh mal, Flo. Dass der anderen Menschen helfen will, glaub ich keine Sekunde lang."
„Er hat sich ja nicht mal die Mühe gemacht, den guten Zweck zu benennen", sagte Flo.
Frau Lohmeyer blätterte die Papiere durch. „Das ist in der Tat sehr seltsam", murmelte sie und fischte weitere Akten mit der goldenen Schrift aus dem Haufen. „Hier stimmt doch was nicht!"
„Wie meinen Sie das?", wollte Freddy wissen.
„Das kann doch kein Zufall sein!" Frau Lohmeyer schnappte sich noch mehr Dokumente.

„Was denn? Was kann kein Zufall sein?“, fragte Flo und versuchte einen Blick auf die Akten zu erhaschen.
„Dieser Klient hier … das gibts doch nicht“, setzte das Gespenst an und vertiefte sich wieder in das Dokument.
Freddy hielt die Spannung nicht mehr aus. „Meine Güte! Jetzt spucken Sie es doch aus!“
„Hier gibt es drei Klienten, die ihr Haus Wiesels Stiftung vererbt haben. Genau wie Kurt“, erklärte Frau Lohmeyer und zeigte den Kindern die Testamente. Sie kramte weiter in dem Papierstapel. Dann wedelte sie triumphierend mit einem weiteren Blatt: „Hier ist noch einer! Das ist doch höchst ungewöhnlich.“
„Wieso?“, wunderte sich Freddy.
„Warum sollten denn so viele Menschen ihre Häuser dieser kuriosen Stiftung vermachen?“, fragte das Gespenst. „Normalerweise vererbt man doch an seine Kinder oder Freunde.“
„Vielleicht hatten sie keine Kinder oder Freunde“, vermutete Flo.

„Aber der Kurt hatte doch uns!“, erwiderte Frau Lohmeyer. „Außerdem hat ein und derselbe Notar die Testamente aufgesetzt. Ein gewisser Herr Fuchs! Glaubt mir, das geht nicht mit rechten Dingen zu!“
„Wir müssten die Papiere irgendwie kopieren …“, überlegte Freddy. „Ich hole mal Dr. Mortis. Der hat doch ein fotografisches Gedächtnis!“
„Oder wir machen die Fotos einfach hiermit.“ Flo zog ihr Smartphone aus der Tasche.
„Flo!“, rief Freddy. „Das solltest du doch nicht mitnehmen. Hast du mir nicht zugehört?“
„Sorry, Halbling“, sagte Flo. „Aber ich geh doch nicht ohne Handy aus dem Haus.“
„Na ja“, lenkte Freddy ein. „Wenn du es schon dabeihast …“
In dem Moment ertönte ein Schrei im Flur.

KAPITEL 24

FREDDY KANN ES NICHT FASSEN

Freddy flitzte zur Tür und öffnete sie vorsichtig. Durch den Spalt beobachtete er, wie der Hausverwalter ins Wohnzimmer flüchtete, dicht gefolgt von Rudi.

Jetzt, wo der Zombie nicht hinter ihm her war, fand er den Anblick sehr witzig. Rudi griff den Wiesel auch gar nicht an. Stattdessen setzte er sich mit einem Bier in den großen schwarzen Ledersessel und legte die Beine hoch. Er griff sich die Fernbedienung und schaltete den Fernseher ein.

„Wa-wa-was zum Teufel wird denn das?“, hörte Freddy den verängstigten Herrn Wiesel stammeln.
Als Nächste lief Poppy an der Tür vorbei. Sie hielt ihren Zauberstab hoch und ließ aus der Spitze Rauch aufsteigen. Schon ging der Feueralarm los. Die kleinen Sprinkler an der Decke begannen Wasser zu spritzen.
Schnell flog das Hexenmädchen auf dem Besen zum Fenster hinaus in Sicherheit.
„Frau Lohmeyer, jetzt ist der Moment für Ihren großen Auftritt“, flüsterte Freddy. „Sagen Sie ihm, dass er uns in Ruhe lassen soll.“
Die Kinder kletterten durch das Bürofenster ins Freie und schlichen ums Haus herum zur Terrasse. Hinter einer Hecke warteten schon Poppy, Bettina und die Heinzelleute auf sie.
Sie duckten sich unter das offene Wohnzimmerfenster, die Heinzelleute standen auf Zehenspitzen auf dem Sims.
Herr Wiesel hockte zitternd hinterm Sofa. Er versteckte sich immer noch vor Rudi.
Unauffällig bedeutete Freddy dem Zombie nach

draußen zu kommen. Grummelnd erhob sich Rudi aus dem Sessel.
Die ganze Villa war ein Tollhaus. Doch plötzlich erloschen die Lampen, das Wasser hörte auf zu spritzen. Auf einen Schlag war es ruhig.
Dr. Mortis hatte wie verabredet die Sicherungen im Keller herausgedreht.
Eine unheimliche Stille legte sich über das Haus.
Freddy hört sein Herz vor Aufregung klopfen.
Vorsichtig lugte Herr Wiesel hinter dem Sofa hervor.
Da kam eine geisterhafte Gestalt mit einer Kerze in der Hand durch die Tür geschwebt.
Herr Wiesel begann zu wimmern: „Nein, nein … ich kann nicht mehr."
„Äh, hallo erst mal", quäkte Frau Lohmeyer. „Ich bin hergekommen, um Ihnen äh dir, na ja, Angst zu machen."
Herr Wiesel stutzte. Freddy schlug sich mit der Hand gegen die Stirn.
„Du, Herr Wiesel, bist nämlich ein böser Mann und ähm … du weißt schon", stammelte das Gespenst.
Freddy konnte es nicht fassen. So hatte er sich Frau

Lohmeyers Auftritt nicht vorgestellt Sie sollte doch unheimlich und Furcht einflößend sein.
Dr. Mortis hockte sich neben die Kinder. „Wie läuft es?“, fragte er leise.
„Nicht so gut“, murmelte Freddy.
Der Hausverwalter richtete sich auf und starrte das Gespenst ungläubig an.
„Du betrügst einfach andere Leute und so“, erklärte Frau Lohmeyer unbeholfen.
Herr Wiesel ging einen Schritt auf sie zu.
Das Gespenst wich zurück, sprach aber weiter: „Und das darf man nicht. Das ist gemein. Außerdem sollst du unser Haus in Ruhe lassen.“
„Du willst mir also Angst machen?“, erwiderte der Hausverwalter. „Ich lass mich doch von so einer traurigen Gestalt nicht einschüchtern!“ Herr Wiesel wurde lauter. „Und überhaupt, was soll denn dieser ganze Zirkus hier? Ihr denkt wohl, ihr könnt mich mit ein paar Kostümen und billigen Tricks beeindrucken?“
„Äh … na ja.“ Frau Lohmeyer blickte Hilfe suchend zur Terrasse.

„Ich lass jetzt die Hunde los, du stinkendes Bettlaken!“, schrie Herr Wiesel. Mit zackigen Schritten ging er zur Anrichte, nahm eine Fernbedienung und drückte einen Knopf. „Und dann rufe ich die Polizei!“

Unschlüssig schwebte Frau Lohmeyer noch einige Zeit auf der Stelle. Dann drehte sie sich um und zog mit hängendem Kopf davon.

Das war ja gründlich schiefgegangen.

Freddy sprang auf, um ihr nachzulaufen. Da hörte er ein unheimliches Knurren.

Er fuhr herum. Die Doggen näherten sich der Terrasse.

Freddy wich zurück. Die Hunde rückten weiter heran. Sie fletschten die Zähne. Ihre Augen waren zu schmalen Schlitzen verengt.

Die Hausbewohner drängten sich ängstlich aneinander. „Oh, nein, was machen wir denn jetzt?“, jammerte Flo.

„Ich könnte die Hunde in weiße Mäuse verwandeln …“, überlegte Poppy.
„Das klingt doch super“, flüsterte Freddy.
„Allerdings müsste dazu Montag, der Siebenundzwanzigste sein. Ist heute zufällig der Siebenundzwanzigste?“, fragte das Hexenmädchen.
„Nein“, sagte Flo. „Es ist der Zwölfte.“
„Und Freitag“, ergänzte Dr. Mortis.

Bettina Blütenreich hob die Hand zur Stirn und seufzte melodramatisch. Hoffentlich würde sie nicht in Ohnmacht fallen.

Das Knurren wurde lauter und bedrohlicher. Die Tiere hatten sie umzingelt. Freddys Herz wummerte wie eine Waschmaschine im Schleudergang. Würden diese Bestien sie wirklich angreifen? Was sollten sie bloß tun?

Plötzlich brach ein riesiger dunkelbrauner Wolf durch die Hecke. Er sprang zwischen die Kinder und die Hunde und stimmte ein ohrenbetäubendes Geheul an.

Die Doggen wichen zurück. Der Wolf machte einen Satz auf sie zu und die Hunde legten sich winselnd nieder und boten ihre Kehlen an.

Sie hatten einen neuen Anführer.

Freddy und Flo versteckten sich hinter dem Vampir. Mit angehaltenem Atem spähte Freddy an dessen linker Seite hervor.

Das Fell des Wolfs begann zu verschwinden. Seine Pfoten verformten sich zu Menschenhänden. Seine Schnauze bildete sich zurück und nahm die Form

von Wolfgang Wütkes Gesicht an. Langsam richtete sich der Nachbar auf.
„Was machen Sie denn hier?“, rief Freddy erleichtert.
„Na ja, ick wollte nur sicherjehen, dat hier keenem wat passiert“, brummte der Werwolf.
„Und ich dachte immer“, wunderte sich Flo, „Werwölfe verwandeln sich nur bei Vollmond.“
„Ach, nee. Dit wäre ja schrecklich unpraktisch.“ Herr Wütke lachte. „Is glücklicherweise nur beim ersten Mal so.“
Gemeinsam rannten nun alle durch den Garten zum Ausgang. Freddy drückte den Summer. Das Tor schwang auf.
Freddy sah das Gespenst als Erster. Sichtlich betrübt schwebte es mitten auf der Straße.
„Ich habs versaut“, schluchzte es kläglich. „Er hatte überhaupt keine Angst vor mir.“
Freddy wollte Frau Lohmeyer tröstend den Arm tätscheln. Doch seine Hände glitten durch das Gespenst hindurch. „Machen Sie sich nichts daraus“, sagte er. „Sie haben Ihr Bestes gegeben.“
Aus der Ferne waren Sirenen zu hören.

„Wir sollten auf der Stelle hier verschwinden", rief Freddy.
Schnell sprangen alle in den Lieferwagen des Werwolfs. Der Transporter fuhr an und wieder rutschte Frau Lohmeyer einfach durch die Fahrzeugwände. Schimpfend und heulend flog sie dem Auto hinterher.

Erschöpft schlichen Freddy und Flo zurück in die Wohnung.
Da kam auch schon Ulrike angelaufen. „Na, sagt mal, ihr beiden", rief sie. „Wo kommt ihr denn jetzt her? Ich dachte, ihr übernachtet bei Kathi und Paul?"
„Ich habe mich mit Paul gestritten", gab Freddy zur Erklärung ab.
„Ich habe mich mit Kathi auch gestritten und wir wollen nicht darüber reden. Schon gar nicht mit dir!", antwortete Flo patzig.
Damit ließen die beiden die verdatterte Ulrike stehen und gingen ins Kinderzimmer.

Freddy tat es ein bisschen leid, dass Flo Ulrike so angefahren hatte. Aber er war zu enttäuscht über den missglückten Spuk beim Wiesel, um eine nette Notlüge für Ulrike zu erfinden. Wenn sie jetzt sauer war, blieben ihnen wenigstens weitere Fragen erspart. Der einzige Hoffnungsschimmer am Horizont waren die Papiere, die sie beim Hausverwalter gefunden hatten.

KAPITEL 25

ULRIKE MACHT EINE ENTDECKUNG

Das Verbrechen schläft nie und als Anwältin kann man sich seine Arbeitszeit nicht immer aussuchen. Manchmal musste Ulrike auch am Samstag in die Kanzlei. Heute war es leider mal wieder so weit. Sie war schon fast da, als ihr auffiel, dass sie ihre Aktentasche vergessen hatte. Seufzend kehrte sie um und fuhr zurück in die Jüterboger Straße.

Sie schloss die Wohnungstür auf und hörte Stimmen in der Küche.

Das war seltsam. Frank hatte doch eine Bandprobe.

Und Freddy und Flo wollten eigentlich bei ihren Freunden sein.
Die Küchentür war angelehnt, Ulrike schob sie einen Spaltbreit auf.
In der Küche war es dunkel. Aus irgendeinem Grund waren die Rollläden heruntergelassen. Freddy und Flo saßen bei Kerzenschein mit einem kleinen Mädchen am Tisch. Es schwang einen Stab und das Geschirr setzte sich in Bewegung. Die Teekanne schwebte zu den Tassen und goss ein.
Ulrike atmete tief ein und aus. Ihre Mutter hatte schon immer gesagt, sie hätte zu viel Fantasie. Sie solle aufhören, sich den lieben langen Tag Geschichten über Feen im Garten oder Trolle im Keller auszudenken, und lieber gut in der Schule aufpassen. Und sie solle etwas Handfestes studieren wie Jura oder Medizin.
Ulrike blinzelte und öffnete die Tür noch ein kleines Stück. Da entdeckte sie eine weitere Gestalt am Tisch. Milchig weiß, fast durchsichtig sah die aus. Und hinter ihr hing, Ulrike traute ihren Augen kaum, ein Mann im schwarzen Anzug von der Decke.

Ihr entfuhr ein tonloser Schrei. Sie presste sich die Hand auf den Mund.
Eine Hexe, ein Vampir und ein Gespenst hockten in ihrer Küche!
„Wir haben gestern etwas Unglaubliches herausgefunden." Flo reichte Poppy ein Blatt Papier. „Dies ist eine Liste von Leuten, die ihr Haus der merkwürdigen Stiftung von Herrn Wiesel vererbt haben", sagte das Gespenst. „Alle hatten einen gewissen Herrn Fuchs als Notar."
„Wir vermuten", fügte Freddy hinzu, „dass es sich um Betrug handelt."
„Hat dieser Fuchs auch das Testament von unserem Kurt aufgesetzt?", wollte Poppy wissen.
Freddy nickte. „Ja, hat er. Frau Lohmeyer hat Kurts Akte gestern gefunden."
„Ich habe alles fotografiert", sagte Flo.
Die Kinder waren also gar nicht bei ihren Freunden gewesen! Ulrike hatte sich schon gedacht, dass da was im Busch war. Nur *damit*, das musste sie zugeben, hatte sie nicht gerechnet. Sie zwickte sich, um herauszufinden, ob sie nicht doch träumte.

„Aber was sollen wir nun machen?“, fragte Dr. Mortis.
„Tja ...“, überlegte Flo. „Wir haben zwar die Namen, aber wir bräuchten doch Beweise, dass die Eigentümer ihre Häuser eigentlich anderen Leuten vererben wollten. Der Notar wird kaum die echten Testamente mit den wahren Erben aufgehoben haben.“
In Ulrike kam die Staatsanwältin durch. Was erzählten die Kinder da von Betrug, Testamenten und Erben? Sie lauschte aufmerksam.
„Wir müssen ihn halt auf frischer Tat ertappen“, sagte Freddy und hob den Zeigefinger. „Ich werde diese Banditen überlisten.“
„Als ob, Halbling ...“ Flo grinste. „Was willst du denn machen? Willst du dich als Sheriff verkleiden, in sein Büro einreiten und ihn verhaften, oder was?“
„Das ist eine super Idee, Flo!“, jubelte Freddy. „Ich gehe als alter Mann zum Notar und tue so, als ob ich ein Haus vererben will.“
„Das war wieder überhaupt nicht die Idee“, regte Flo sich auf. „Und selbst wenn ... Was soll das denn bringen?“

„Wir überführen ihn des Betrugs!“, rief Ulrike.
Alle zuckten zusammen. Dr. Mortis fiel vor Schreck von der Decke und knallte auf den Küchenboden.
„Ich habe meine Aktentasche vergessen.“ Ulrike zuckte entschuldigend mit den Schultern. Sie räusperte sich. „Darüber bin ich sehr froh. Jetzt weiß ich endlich, was hier los ist!“
Poppy, Dr. Mortis und den Kindern hatte es die Sprache verschlagen. Sogar Frau Lohmeyer war die Kinnlade heruntergeklappt. Die fünf starrten Ulrike verblüfft an.
„Eine Hexe, ein Gespenst und ein Vampir.“ Ulrike zeigte auf Poppy, Frau Lohmeyer und Dr. Mortis.
„Ich bin keine Hexe, nur ein kleines Mädchen mit Schwimmhäuten an den Fingern“, versuchte Poppy alles abzustreiten. „Frau Lohmeyer ist auch kein Gespenst, sondern nur sehr blass. Vigor ist natürlich kein Vampir, sondern nur ein gruseliger Nachbar mit Klebstoff an den Füßen. Und das sind keine Kinder, sondern Zwerge. Ach nee, Quatsch. Das sind Kinder und sie sind sehr nett. Sie haben uns freundlicherweise zum Kaffeekränzchen eingeladen.“

„Ihr sollt mich doch Ursel nennen“, klagte Frau Lohmeyer.
Ulrike verschränkte die Arme vor der Brust und setzte ihren „Ernsthaft?“-Blick auf.
„Oder vielleicht sind wir besser aus der Schule und proben ein Theaterstück?“, schlug Poppy vor.
Ulrike seufzte nur.
„Nein, alles Quatsch. Wir sind ehrenamtliche Mitarbeiter von der Polizei. Heute bringen wir den Kindern bei, nicht mit Fremden zu sprechen. Dafür haben wir uns extra verkleidet.“ Poppy lächelte sie fragend an.
„Du solltest dich vorher für eine Ausrede entscheiden. So funktioniert es jedenfalls nicht“, sagte Ulrike. „Ich habe von Berufs wegen ein Näschen dafür, wenn mir Lügengeschichten aufgetischt werden. Aber in deinem Fall hätte das sogar Frank erkannt. Jetzt hört mal auf, eure Energie damit zu verschwenden, mir ein X für ein U vorzumachen. Ich glaube euch sowieso nicht.“
„Aber, aber …“, druckste das Hexenmädchen kleinlaut herum.

„Vielleicht ist es gar nicht schlecht, wenn Ulrike Bescheid weiß. Sie ist nämlich Staatsanwältin“, warf Freddy ein. „Ich habe einen Plan, wie wir den Notar überführen können. Und ihr müsst mir dabei helfen.“

KAPITEL 26

FREDDY HAT EINEN VOGEL

Am Montag nach der Schule saßen Freddy und Flo wieder mit Poppy und Ulrike in der Küche. Freddy hibbelte aufgeregt mit den Knien unter dem Tisch. Er konnte es gar nicht abwarten, die Verbrecher zu überführen. Am liebsten würde er sofort aufbrechen.

„Okay, dann hexe mich mal alt", sagte Ulrike zu Poppy.

„Du bist doch schon alt", sagte Flo.

„Ich meinte richtig alt." Ulrike hielt kurz inne. „Du kannst das auch wieder rückgängig machen, oder?"

„Ja, schon", druckste das Hexenmädchen herum.

„Aber, was?“, fragte Ulrike.
Poppy seufzte. „Ich kann heute keine Erwachsenen verhexen.“
„Dann nimm mich!“, rief Flo.
„Wenn die kalte Sophie auf einen Montag fällt“, erklärte das Hexenmädchen, „kann ich nur kleine rothaarige Jungen älter machen.“
„Yes!“ Freddy strahlte.
Ulrike runzelte die Stirn.
„Keine Panik“, beruhigte sie Poppy. „Ich habe schon eine Idee für ein Notsignal.“ Sie schwang ihren Zauberstab und murmelte:

„Der Junge soll, weil er es kann,
Gehen wie ein alter Mann.
Für die Kleider einen Trick,
Sitzen sie nun stramm und schick.
Am Ende wird dann alles gut
Mit nem Schlips und Zauberhut.“

Freddy spürte, wie sich sein Gesicht in tiefe Falten legte. Auf seinen Händen sprossen braune Flecken

wie Pilze auf einem herbstlichen Waldboden. Seine Kapuzenjacke zog sich zu einem schwarzen Jackett zusammen. Statt seiner Jeans trug er nun eine braune Cordhose. Um seinen Hals wand sich eine Krawatte. Seine Baseballmütze verwandelte sich in eine altmodische Melone. Sogar seine rotblonden Haare waren nun grau wie ein Mäusefellchen.
Flo lachte los. „Alter, Freddy! Du siehst voll krass aus."
„Wow. Das ist ja unglaublich!", staunte Ulrike. „Bevor ich es vergesse, du brauchst einen Personalausweis. Da müsste ein Bild von dir drauf sein, deine Adresse und der Name Frederick Fermögend. So habe ich dich nämlich bei der Sekretärin angemeldet. Poppy, kannst du meinen umhexen?" Sie zog ihre Papiere aus der Tasche.
„Also, das ginge nur freitags", sagte Poppy. „Heute kann ich aber alte Fische verhexen." Sie kramte in ihrem Beutel und holte eine Flunder hervor. Mit dem Zauberstab wischte sie einmal über den Fisch und verwandelte ihn in einen Personalausweis.
„Ich habe hier noch eine Spionage-Kamera aus der Kanzlei", sagte Ulrike und steckte Freddy einen

Kugelschreiber mit Kamera in die Brusttasche des Jacketts.

„Dann können wir ja endlich loslegen“, sagte Freddy und riss die Wohnungstür auf. Er wollte gerade die Treppe hinunterhüpfen, als ihn ein stechender Schmerz durchfuhr. Tatsächlich sah er nicht nur aus wie ein alter Mann, er fühlte sich auch so. Gebeugt nahm er nun eine Stufe nach der anderen.

Von ekligem Nieselregen aufgeweicht, erreichten sie den Bürokomplex in Schöneberg. In der Lobby sprach Flo Freddy gut zu: „Du schaffst das schon. Wir warten draußen auf der Straße. Viel Erfolg!“

„Wenn du unsere Hilfe brauchst, tippst du einfach auf das Hütchen“, sagte Poppy und zwinkerte.

Freddy nahm den Fahrstuhl in den zweiten Stock. Er sah sich um. Auf einer weißen Tür prangte in schwarzen Lettern der Name des Notars.

Als Freddy klopfte, öffnete sich auch schon die Tür.

„Sie müssen Herr Fermögend sein“, begrüßte ihn eine

stark geschminkte Frau. „Bitte kommen Sie herein. Möchten Sie einen Kaffee? Herr Fuchs erwartet Sie schon." Sie trippelte zur Tür gegenüber und klopfte kurz. Winkend bedeutete sie Freddy einzutreten. Hinter einem großen Schreibtisch saß ein kleiner, älterer Herr mit schütterem weißem Haar.
Der Notar blickte auf. „Herr Fermögend, schön, dass wir so schnell einen gemeinsamen Termin finden konnten. Setzen Sie sich doch." Er wandte sich an seine Sekretärin. „Beate, zwei Kaffee, und zwar pronto. Und bringen Sie noch von dem leckeren englischen Teegebäck. Das, was wir immer für unsere wichtigsten Klienten bereitstellen."
Freddy ließ sich in einen roten Ledersessel plumpsen. Es tat gut, sich ein wenig auszuruhen. Der lange Fußmarsch durch den Regen hatte ihn erschöpft.
„Wenn ich Sie am Telefon richtig verstanden habe, Herr Fermögend, wollen Sie gern bei uns Ihr Testament aufsetzen?", fragte Herr Fuchs freundlich.
Freddy räusperte sich. „Ja, ja, ich bin ein alter, schon ein bisschen verwirrter Mann. Ich möchte doch alles in bester Ordnung haben, wenn ich den Löffel

abgebe." Seine Stimme klang ungewohnt tief und knarzig. „Ich habe ja keine Kinder. Darum möchte ich mein Haus gern der Familie vererben, die dort mit mir wohnt. Die sind immer sehr nett und kaufen für mich ein."

„Das glaube ich gern. Diese Leute kümmern sich sicher ganz ohne Hintergedanken um Sie", erwiderte Herr Fuchs mit ironischem Unterton.

„Ja, genau", fuhr Freddy fort, als hätte er die Art und Weise nicht bemerkt, wie Herr Fuchs mit ihm sprach. „Das sind sehr nette Leute. Können wir das mit diesem Testament gleich heute machen?" Freddy nestelte nervös an dem Kugelschreiber in der Jacketttasche herum. Er beugte sich leicht nach vorn. So würde die versteckte Kamera hoffentlich alles gut aufnehmen können.

„Aber selbstverständlich. Geben Sie mir mal Ihren Ausweis und die Daten der Begünstigten. Ich habe entsprechende Vorlagen. Das geht ruckzuck", meinte Herr Fuchs.

Freddy reichte ihm seine Papiere. Der Notar nahm sie entgegen und rümpfte unwillkürlich die Nase. Der

eindringliche Fischgeruch verursachte ihm anscheinend Übelkeit. Doch er machte unbeirrt weiter. Während Herr Fuchs wild in die Tasten hämmerte, kam seine Assistentin mit Kaffee und Keksen herein.
Freddy stopfte sich einen Keks nach dem anderen in den Mund. Schade, dass es nicht Kakao dazu gab. Aber vielleicht schmeckte ihm jetzt, wo er alt war, sogar Kaffee. Er nahm einen Schluck und spuckte ihn gleich wieder zurück in die Tasse. Pfui, wie konnten Erwachsene nur so eine bittere Brühe trinken!
Der Notar sah kurz hoch und hob die Augenbrauen, blieb aber erneut stumm. Als wäre nichts geschehen, ließ er seine Finger wieder über die Tasten klappern. „Wir haben das gleich“, murmelte er.
Die Sekretärin öffnete die Tür und steckte ihren Kopf herein. „Herr Wiesel ist jetzt auch da“, sagte sie.
„Soll reinkommen. Soll reinkommen“, antwortete Herr Fuchs und lächelte Freddy zu. „Ich werde Ihnen mal einen guten, alten Geschäftsfreund von mir vorstellen. Er ist Hausverwalter. Ich hole ihn immer gern dazu, wenn ich Immobilienbesitzer hier habe. Er

hat tolle Tipps für die Abrechnungen, die Instandhaltung und so weiter."

Herr Wiesel kam zur Tür herein.

Freddy erschrak. Was würde der Hausverwalter tun, wenn er ihn erkannte?

„Schön, Sie kennenzulernen", sagte Herr Wiesel und streckte ihm die Hand entgegen.

Freddy wurde klar, dass er gar nicht mehr zu erkennen war. Außerdem wusste Herr Wiesel ja auch nicht, dass er bei ihm gespukt hatte. Er überwand sich und schüttelte die Hand des Hausverwalters.

„Wir sind gleich fertig mit unserem Geschäft", sagte Herr Fuchs. „Herr Fermögend hat keine Nachkommen, und da helfe ich ihm dabei, ein ganz besonderes Testament aufzusetzen." Der Notar zwinkerte Herrn Wiesel zu. „Sie können ihm dann gleich noch was über Steuererleichterung, Mieterhöhung und Umlagekosten erzählen. Bis wir so weit sind, nehmen Sie ruhig da drüben Platz." Herr Fuchs deutete auf einen Sessel neben der Tür.

Herr Wiesel setzte sich und tippte auf seinem Handy rum.

Der Drucker surrte und Herr Fuchs reichte Freddy das Testament. „So, mein Guter, hier sind zwei Kopien. Ich lese Ihnen den Text vor und Sie prüfen bitte auf Ihrer Kopie, ob alles stimmt."
In Windeseile ratterte Herr Fuchs den Text runter. Freddy konnte ihm nur mit Müh und Not folgen. Aber tatsächlich war auf seinem Ausdruck alles so, wie es sein sollte.
„Seien Sie so gut und unterzeichnen Sie die beiden Papiere hier unten", sagte Herr Fuchs. „Ich werde die dann für Sie hinterlegen." Er schob die beiden Testamente übereinander und reichte Freddy einen wertvoll aussehenden Füllfederhalter.
Freddy überlegte. Das war doch sicher ein Trick. Schimmerte da unter der ersten Seite nicht wieder diese goldene Schrift?
Er tippte mit dem Zeigefinger auf seine Melone, wie Poppy es ihm gezeigt hatte. Ein kleiner lilafarbener Vogel schlüpfte darunter hervor und flog zum Fenster hinaus.
Herr Fuchs riss die Augen auf. Er hob die Hand, deutete auf Freddy und stammelte: „Da, da … äh."

Freddy guckte sich um. Herr Wiesel schaute von seinem Handy auf. Ein paar Sekunden verstrichen und Freddy wurde nervös. Warum dauerte das so lange?
Erneut tippte er auf seinen Hut. Wieder schlüpfte ein Vögelchen darunter hervor und flatterte nach draußen. Jetzt mussten sie es doch aber gesehen haben, hoffte er.
Herr Fuchs griff sich an die Stirn, als prüfe er, ob er Fieber hätte.
Auch Herr Wiesel rieb sich die Augen, als hätte er gerade geträumt. Er stand auf und starrte Freddy an. „Schon wieder so ein Blödsinn! Was geht hier vor?"
Freddy geriet in Panik. Er tippte sich wieder und wieder an den Hut.
Ein, zwei, drei Vögelchen machten sich auf den Weg ins Freie.

KAPITEL 27

FLO EILT ZU HILFE

Flo beobachtete, wie ein lilafarbenes Vögelchen aus dem Fenster des zweiten Stocks geflogen kam. Stirnrunzelnd sah sie ihm hinterher. Dann folgte ein weiteres. Und noch drei auf einmal.

„Was sind denn das eigentlich für komische kleine Vögel?“, fragte sie.

„Das ist doch das Zeichen!“, rief Poppy.

„Worauf warten wir dann noch?“ Flo stürmte los, dicht gefolgt von Ulrike.

Zwei Stufen auf einmal nehmend rannten sie die Treppen hoch. Das war schlimmer als Sportunterricht. Flo riss die Tür auf. Ohne die

Wenn-und-Aber-Rufe der Sekretärin zu beachten, stürmten sie in das Büro von Herrn Fuchs.
„Freddy, alles okay?“, keuchte Flo.
„Ja“, krächzte der „alte“ Freddy. „Hier sind die Testamente.“ Er reichte sie an Flo vorbei zu Ulrike.
„Dachte ich es mir doch!“, rief Ulrike. „Sie lassen sich hier zwei verschiedene Testamente unterschreiben.“
Flo nahm die Unterlagen und blätterte sie durch. In dem Blatt, das obenauf lag, war die Familie eingetragen, die Freddy angegeben hatte. Doch in dem Blatt darunter stand an derselben Stelle die Stiftung von Herrn Wiesel!
Diese fiesen Betrüger! Flo taten all die armen alten Leute leid, die hier schon übers Ohr gehauen worden waren.
„Was?“, fragte der Hausverwalter heuchlerisch. „Sie stellen falsche Testamente aus?“
„Da muss ich mich vertan haben“, stammelte Herr Fuchs. „Manchmal vergesse ich bei der Vorlage die Adresse zu ändern.“
„Dann sind Sie wohl sehr vergesslich!“, spottete Flo. „Das ist Ihnen nämlich schon verdammt oft passiert!“

Der Typ würde sich jetzt nicht rausreden können. Dafür würde sie schon sorgen.
„Ich bin unschuldig. Das ist alles ein riesiges Missverständnis!", protestierte der Notar.
„Das glauben Sie doch selber nicht!", schrie Freddy. „Wir wissen genau, dass Sie ein Schwindler sind."
„Aber ich habe doch nichts getan!", rief Herr Fuchs.
„Sie kommen ins Gefängnis", sagte Flo. „Ulrike ist Staatsanwältin und Freddy hat Ihren ganzen Betrugsversuch auf Video aufgezeichnet." Sie tippte auf den Kugelschreiber in Freddys Jacketttasche.
„Gefängnis? Nein. Ich kann nicht ins Gefängnis. Ich habe Klaustrophobie. In engen Räumen bekomme ich Panik", jammerte der Notar. „Außerdem bin ich allergisch gegen schlechtes Essen und harte Matratzen."
„Allergisch gegen schlechtes Essen!" Flo lachte. „Das ist ja mal was ganz Neues! Ich bin allergisch gegen schlechte Ausreden, Alter."
„Außerdem war das alles gar nicht meine Idee", behauptete der Notar.
„Aha, dann geben Sie es also zu!", fuhr Freddy ihn an.

„Sie haben mit den Testamenten ein krummes Ding gedreht!"
„Nein. Na ja. Vielleicht." Herr Fuchs krümmte sich geradezu. „Aber wenn, dann bin ich auf jeden Fall nicht der Hauptschuldige! Es war alles seine Idee." Er zeigte auf Herrn Wiesel.
Der Hausverwalter rannte los. Im selben Moment tauchte Poppy in der Tür auf. Sie klatschte dem Wiesel ihren Besen ins Gesicht.
„Sie bleiben schön hier", zischte Poppy und drückte den benommenen Hausverwalter zurück in den Sessel neben der Tür.
„Passen Sie mal auf, Herr Fuchs", sagte Ulrike, „als Staatsanwältin könnte ich nur das Mindeststrafmaß fordern. Das heißt, Sie müssen nur sehr kurz ins Gefängnis, vielleicht sogar in den offenen Vollzug. Dafür müssten Sie aber ein Geständnis ablegen und mir alles über Ihren Geschäftspartner und seine Machenschaften verraten."
„Untersteh dich, Friedhelm", rief Herr Wiesel.
„Ich müsste nur nachts ins Gefängnis?", fragte der Notar kleinlaut.

„Genau“, bestätigte Ulrike. „Ich will dann aber auch Beweise von Ihnen haben, damit ich die ganzen ergaunerten Häuser an ihre wahren Erben zurückgeben kann.“
Flo staunte über Ulrike. So cool hatte sie Papas Freundin noch nie erlebt. Sie fand, Ulrike war tatsächlich ein ganz kleines bisschen weniger nervig als sonst.
„Okay. Okay. Ich mache alles, was Sie wollen“, murmelte Herr Fuchs. „Ich gestehe. Walter Wiesel hat mir die Sache mit den zwei Testamenten vorgeschlagen. Für jedes Haus, das er so vererbt bekommen hat, habe ich eine, sagen wir mal, großzügige Aufwandsentschädigung erhalten.“
„Sie meinen, Sie haben ordentlich Geld gekriegt“, verbesserte ihn Flo.
„Du Verräter!“, brüllte Herr Wiesel und wollte sich auf den Notar stürzen.
Blitzschnell stellte Poppy ihm ein Bein und der Hausverwalter fiel auf die Nase.
„Sie beide sind richtige Betrüger“, rief Freddy. „Und wir haben Sie überführt. Um ehrlich zu sein, war ich

mir unsicher, ob ich wirklich Detektiv werden soll oder doch lieber Astronaut oder Präsident. Aber jetzt weiß ich es genau. Ich werde Verbrecherjäger. Immer auf der Seite des Gesetzes und trotzdem im Dunkeln verborgen. Ich werde ins Licht treten, wenn keiner mit mir rechnet."
„Mach mal halblang, Halbling", spottete Flo.
Freddy war immer so eine Dramaqueen!
„Jetzt rufen wir erst mal die Polizei", sagte Ulrike. „Ihr habt das ganz großartig gemacht. Ich bin stolz auf euch." Ulrike umarmte die beiden Geschwister und ausnahmsweise verdrehte Flo mal nicht die Augen.

Nachdem die zwei Polizisten Herrn Fuchs und Herrn Wiesel in Handschellen abgeführt hatten, kehrten alle zurück in die Jüterboger Straße 13.
„Gut", sagte Freddy. Er klang erleichtert. „Jetzt, wo wir das geschafft haben, kannst du mich ja wieder jung hexen."
Poppy schwang ihren Zauberstab:

„Vorbei ist jetzt das Abenteuer,
Im Knast sitzen die Ungeheuer.
Den Alten brauchen wir nicht mehr,
Wir wünschen unsren Freddy her.
Schön jung sitzt er an diesem Tisch
Und der Ausweis wird zum Fisch."

Freddys Haut wurde wieder glatt. Die braunen Punkte verschwanden. Er hatte seine Jungsklamotten an und auf dem Küchentisch wabbelte die Flunder. Flo konnte sich gar nicht sattsehen an Poppys Zaubereien. Vor ihr saß tatsächlich wieder der neunmalkluge kleine Halbling, den sie kannte. Na ja, fast.

„Poppy, was ist denn mit seinen Haaren?", fragte Flo erschrocken. „Die sind ja noch grau."

„Was?!" Freddy griff sich auf den Kopf.

„Hm", machte das Hexenmädchen. „Da ist anscheinend was schiefgelaufen. Haare kann ich wohl erst wieder bei Vollmond zurückzaubern."

„Wann ist denn Vollmond?" Freddy blickte Poppy fragend an.

Das Hexenmädchen errötete. „Nun, äh … der nächste Vollmond ist schon in … drei Wochen."

„Erst in drei Wochen?!", rief Freddy.

„Dann wirst du wohl die nächste Zeit eine Mütze tragen müssen", sagte Flo und konnte ein Grinsen nicht unterdrücken.

KAPITEL 28

FREDDY HAT GRUND ZUM FEIERN

Drei Wochen später rannte Freddy mit einem Teller voll Maiskolben die Treppe hinunter. Er stieß die Tür zum Hof auf. Draußen in der Abenddämmerung hatte sich schon die gesamte Hausgemeinschaft versammelt.

Wolfgang Wütke stand am Grill und wendete Würstchen und Quietschkäse. Poppy schenkte einen merkwürdig blubbernden Punsch in dickwandigen Keramikbechern aus.

Bettina Blütenreich saß an einer großen Tafel und

bestrich helle Baguettebrötchen mit goldgelbem Honig. Dr. Mortis richtete die Brötchen auf blumigen Tellern an. Dabei stapelte er hin und wieder eins daneben, weil er nur Augen für die schöne Elfe hatte.

Zombie Rudi lief mit großer Ausdauer immer wieder gegen eine Wand und machte „Guh“. Die Heinzelleute kletterten die mit Efeu überwucherte Steinpyramide hoch und rutschten sie jauchzend wieder hinunter. Frau Lohmeyer rief ihnen warnende Worte zu.

Freddy lud die Maiskolben ab und gesellte sich zu Wolfgang Wütke. „Wer wohnt eigentlich da?“ Er zeigte auf die Pyramide. „Puh, der ist jerade auf Reisen in Äjypten“, antwortete der Werwolf. „Is aba keen

sehr umjänglicher Typ und modisch aus nem janz andern Jahrtausend."
In diesem Moment kamen Ulrike und Flo mit Salaten beladen in den Hof. Sie stellten das Essen auf den Tisch.
„So, meine Lieben", rief Ulrike. „Ich habe sehr gute Neuigkeiten! Der Richter hat heute Walter Wiesel verurteilt. Er muss ins Gefängnis und alle Häuser, die er sich widerrechtlich angeeignet hat, zurückgeben. Das heißt im Klartext, die Jüterboger Straße 13 gehört offiziell euch, so wie Kurt es sich gewünscht hatte."
„Guh, guh!" Rudi klatschte in die grauen Hände. Auch die anderen jubelten und stießen mit Bier, Apfelschorle und Poppys komischem Gebräu an. Dr. Mortis und Bettina Blütenreich umarmten sich. Als sie sich leicht voneinander lösten, schauten sie sich verliebt in die Augen. Sie waren einem Kuss nahe, als Freddy brüllte: „Jetzt fehlt ja nur noch eins!"
Der Vampir und die Elfe schreckten auseinander.
„Was denn?", fragte Dr. Mortis.
„Ich würde gern die grauen Haare loswerden. Papa

wundert sich schon total, warum ich seit drei Wochen sogar im Bett eine Mütze trage."

„Da heute Vollmond ist", sagte Poppy, „kann ich es versuchen." Sie holte einen Tiegel mit grüner Paste aus ihrer Tasche und schmierte Freddys Haare damit ein.

„Was ist das denn Ekliges?", kreischte Freddy. Ein beißender Geruch stieg ihm in die Nase.

„Ach, nichts Besonderes, nur in Kuhdung eingelegter Stinkekohl", erwiderte das Hexenmädchen.

„Im Vollmondschein, das ist doch klar,
Wird der Junge, wie er war.
Vorbei ist es mit der Erklärungsnot,
Das Haar glänzt wieder karottenrot."

Das Grau wich aus Freddys Haaren und er sah endlich wieder ganz normal aus. Abgesehen von der grünen Paste.

„Was passiert denn jetzt eigentlich mit uns?", wollte Flo wissen. „Ich weiß ja, dass ihr hier keine Menschen in eurem Haus haben wollt."

„Ihr seid doch in erster Linie keene Menschen, sondern unsre Freunde“, bellte Wolfgang Wütke. „Ihr habt uns jeholfen, dit fiese Wiesel hinter Jitter zu bringen. Natürlich dürft ihr bleiben oder wat meint ihr?“
Alle bis auf Rudi riefen: „Ja!“
Der Zombie röchelte: „Guh!“ Aber er klatschte dabei und in seinem Gesicht zeigte sich eine Fratze, die wahrscheinlich ein Lächeln sein sollte.
„Nur über das Schlagzeugspielen“, bemerkte der Vampir, „sollten wir mal in Ruhe sprechen.“

Es wurde ein sehr schöner Abend. Ulrike und Poppy unterhielten sich an der Tafel über Kräutermedizin. Dr. Mortis saß dicht neben Bettina Blütenreich am Lagerfeuer. Die beiden tuschelten leise miteinander und tranken Honigwein aus feinen Gläsern.
Freddy und Flo aßen zusammen mit Wolfgang Wütke so viele Veggie-Burger, dass sie Bauchschmerzen bekamen.

Nach und nach leerte sich der Hof. Zombie Rudi schlurfte in Richtung Friedhof davon, um ein paar Freunde zu treffen. Die Heinzelleute verabschiedeten sich. Ob sie putzen oder schlafen gingen, wollten sie nicht verraten.
„Vielleicht sind sie sogar Schlafputzer?“, überlegte Freddy.
Bettina und Dr. Mortis brachen Händchen haltend zu einem Spaziergang im Mondschein auf.
Wolfgang Wütke wollte noch mal in sein Geschäft und Poppy ins Bett. „Blitz und Donner“, verabschiedete sich das Hexenmädchen.
Als Papa in den Hof kam, saßen nur noch Freddy, Flo und Ulrike am Lagerfeuer.
„Bei euch sieht es ja gemütlich aus“, sagte er.
„Wie war denn dein Auftritt bei dieser Firmenfeier?“, wollte Ulrike wissen.
Papa seufzte. „Na ja … der Chef hat dauernd gefragt, ob wir noch ein kleines bisschen leiser spielen können. Manchmal frage ich mich, warum die Leute überhaupt eine Band engagieren. Eine Musikanlage mit Lautstärkeregler wäre für die viel besser

geeignet." Papa machte sich einen Quietschkäse-Burger mit Champignons. „Soll ich dir auch einen machen, meine schnieke Ulrike?"
„Nein, danke." Ulrike schüttelte den Kopf. „Wenn ich nur an Pilze denke, wird mir schon schlecht."
„Hä, warum?", fragte Freddy. „Die mochtest du früher doch."
„Nun ja, meine kleinen Rabauken", begann Papa verlegen. „Wir wollten schon lange mit euch darüber sprechen, aber dann ging bei der neuen Wohnung alles drunter und drüber. Also … ich weiß nicht, wie ich es sagen soll."
„Ihr bekommt noch ein kleines Geschwisterchen", sagte Ulrike. „Ich bin schwanger."
Freddy und Flo schauten sich verblüfft an.
„Freut ihr euch?", fragte Papa.
„Puh, ich weiß nicht", meinte Flo. „Schreit so ein Baby nicht die ganze Zeit rum?"
„Ich finds toll!" Freddy sprang von seinem Stuhl auf. „Endlich ein kleiner Bruder, mit dem ich spielen kann. Ich zeige ihm, wie man mit Lego baut und Fußball spielt. Wir können zusammen in den Zoo

gehen, ins Kino, ins Schwimmbad und ich bringe ihm Lesen bei und Rechnen und Schreiben und Malen und …"
„Wir wissen noch gar nicht, ob es ein Brüderchen oder ein Schwesterchen wird", unterbrach ihn Ulrike. „Und zunächst ist es auch erst mal ein ganz kleines Baby. Das kann noch gar nicht spielen. Es kann nur trinken, schlafen und kuscheln."
„Dann kuschle ich es eben", rief Freddy und hüpfte ums Feuer herum.
„Glaub mir, Freddy", sagte Flo, „kleine Brüder sind nicht so toll, wie du denkst."
Freddy war das egal. Auf ihn wartete jetzt das nächste Abenteuer. Er würde ein großer Bruder sein. Und diesen Job wollte er gut machen. Er würde der beste große Bruder werden, den man sich vorstellen konnte.
Flo tippte ihm auf den Arm und zeigte auf Papa, der ins Feuer starrte. „Was ist denn mit dem los?"
„Ach nix", nuschelte Papa. „Ich dachte nur gerade über unsere neuen Nachbarn nach. Findet ihr nicht, dass die irgendwie ein bisschen komisch sind? Ich glaube, die sind nicht ganz normal."

„Du bist auch nicht normal“, sagte Freddy.
Flo und Ulrike lachten.
Freddy schnappte sich Flo und beide kuschelten sich an den verdatterten Papa.
„Was stinkt hier eigentlich so?“, fragte Papa.
„Das ist Freddy“, erwiderte Flo. „Der probiert ein neues Shampoo aus.“
Gemeinsam schauten sie ins hell prasselnde Lagerfeuer. Die Aufregung der letzten Wochen fiel von Freddy ab. Seit Langem hatte er sich nicht mehr so wohl und geborgen gefühlt.
Während über dem Friedhof der leuchtend helle Mond seine Bahn zog, hörte er irgendwo ganz in der Nähe ein unheimliches Heulen.

MARIA KLING wollte Kinderbücher schreiben, seit sie mit zehn Jahren Madita gelesen hat. Ihre anderen Traumberufe waren Archäologin, Ballerina und Astronautin. Nachdem sie im letzten Jahr auf dem Mond tanzend Dinosaurierknochen ausgegraben hat, kann sie sich endlich dem Schreiben widmen.

ASTRID HENN ist von Beruf Farbendurcheinanderbringerin. Eine Farbendurcheinanderbringerin beschäftigt sich sehr viel mit Farben, Strichen, Flächen und der perfekten Mischung derselben. Den folgenden Satzteil

konntest du zum Beispiel nicht lesen, weil sie ihn mit Weiß auf Weiß geschrieben hat. Falls du das auch faszinierend findest, dann ist Farbendurcheinanderbringerin vielleicht auch ein Beruf für dich.

Leseprobe aus

School of Talents

Über alle Grenzen

Erste Stunde: Tierisch laut!

Nach der Schule verkroch sich Alva in ihrem Baumhaus. Dort konnte sie in Ruhe Hausaufgaben machen. In ihrem Zimmer wäre Carlos alle fünf Minuten aufgetaucht, um sich zu wundern, dass sie immer noch nicht mit Mathe fertig war.

Im Baumhaus gab es keine Besserwisser und niemanden, der Alva besorgt musterte, so als hätte sie eine Vollmeise XXL. Hier war sie für sich. Meistens zumindest.

Doch heute war echt nicht ihr Glückstag. Ein Ameisentrupp lief direkt neben dem Haus auf einem Ast entlang. Die Tiere unterhielten sich über einen toten Käfer, den ihre Späher weiter oben entdeckt hatten. Alle redeten durcheinander und übertrafen sich mit Mutmaßungen darüber, wie groß ihr Fund sein würde.

Außerdem hüpfte seit einigen Minuten eine plärrende Amsel durch den Baum:

„Achtung! Achtung! An alle Vögel: Es befindet sich eine Katze auf dem Boden. Amseleltern, achtet auf eure Kinder! Achtung!“

Alva saß im Schneidersitz und versuchte, eine Textaufgabe zu lesen. Nett von der Amsel, andere Vögel zu warnen. Aber musste es echt in dieser Daueralarmschleife sein?

Alva hielt sich die Ohren zu. Es nutzte nichts. Sie konnte die Amsel immer noch hören.

„Achtung! Achtung! Katzenalarm! Sie liegt unter dem Busch und bewegt sich nicht! Achtung! Vor Landungen auf dem Rasen wird gewarnt!“

Alva schaute runter in den Garten. Merlin, der Kater ihrer Nachbarn, lag tatsächlich dösend unter einem Busch. Während er sich rekelte, murrte er verschlafen:

„Halt endlich den Schnabel.“

Doch die ausgeflippte Amsel dachte nicht daran.

„Katzenalarm! An alle! Höchste Gefahr auf dem Boden! Achtung! Achtung! Das ist keine Übung!“

So ging es nicht. Höchste Zeit, dass Alvas Ohren eine

Pause bekamen. Sie kramte unter einem Kissen nach der Schachtel mit den Ohrstöpseln. Sie versteckte sie dort, damit ihre Mutter sie nicht fand. „Alva, jetzt lass doch endlich diesen Blödsinn!“, schimpfte die sonst. „Das tut deinen Ohren überhaupt nicht gut!“

Die Stöpsel fühlten sich an wie kleine Marshmallows. Während Alva sie zwischen den Fingern drehte, damit sie dünner wurden und in ihre Ohren passten, schaute sie in den Garten. Ihre Mutter saß auf der Terrasse und las Zeitung. Auf der Wiese spielte Carlos mit Muffin, dem Hund der Familie. Ihr Bruder wedelte mit einem Tennisball vor Muffins Nase rum. Muffin sprang wild hin und her und bellte dabei: *„Ball! Ball! Ball! Ball!“*, bis Carlos endlich warf. Der Hund bekam das aber nicht mit und starrte nur die leere Hand an.

Die Amsel erweiterte ihre Warnhinweise:

„... vom Hund geht keine Gefahr aus! Er ist zu doof, einen Ball zu jagen! Achtet auf die Katze!“

Mittlerweile waren die Stöpsel, die Alva zwischen ihren Fingern gerollt hatte, nicht viel dicker als ein Kabel und sie steckte sie sich in die Ohren. Langsam quollen sie auf. Die Amsel, der Hund, die Katze, die

Ameisen und jedes andere Tier in Hörweite verstummte. Die lärmende Welt wurde ausgeblendet und zurück blieb …

Ruhe.

Niemand redete. Kein Laut. Absolute Stille.

Alva atmete erleichtert aus. Dann machte sie sich wieder an ihre Schularbeiten. Und auf einmal verstand sie die Textaufgaben. Erkannte, wonach gefragt war, und wusste, wie sie es rechnen musste. Die Hausaufgaben waren in null Komma nix erledigt.

Alva legte die Schulhefte weg und nahm ein Buch aus ihrer Tasche. Endlich konnte sie weiterlesen!

„Freddy und Flo gruseln sich vor gar nix“ gibt es überall
im Buchhandel und auf www.carlsen.de

AUCH ALS
HÖRBUCH BEI
SILBERFISCH

Umschlag und Innenillustrationen: Astrid Henn
Umschlaggrafik: Sabine Reddig
Lektorat: Jacqueline Guse
Herstellung und Gestaltung: Constanze Hinz
Lithografie: Margit Dittes Media, Hamburg
Satz: Pinkuin Satz und Datentechnik, Berlin
ISBN 978-3-551-65070-2